Políticas de evaluación y acreditación en las universidades argentinas

Ariadna Guaglianone

Políticas de evaluación y acreditación en las universidades argentinas

Colección UAI - Investigación

UAI
Universidad Abierta
Interamericana

teseo

Guaglianone, Ariadna
Políticas de evaluación y acreditación en las universidades argentinas. - 1a
ed. - Ciudad Autónoma de Buenos Aires : Teseo, 2013.
210 p. ; 20x13 cm. - (UAI - Investigación)
ISBN 978-987-1867-74-5
1. Políticas de Educación. 2. Acreditación. 3. Evaluación. I. Título
CDD 378

▼ UAI
Universidad Abierta
Interamericana

© UAI, 2013

teseo

© Editorial Teseo, 2013

Teseo - UAI. Colección UAI - Investigación

Buenos Aires, Argentina

ISBN 978-987-1867-74-5

Editorial Teseo

Hecho el depósito que previene la ley 11.723

Para sugerencias o comentarios acerca del contenido de esta obra,
escríbanos a: **info@editorialteseo.com**

www.editorialteseo.com

PRESENTACIÓN

La Universidad Abierta Interamericana ha planteado desde su fundación en el año 1995 una filosofía institucional en la que la enseñanza de nivel superior se encuentra integrada estrechamente con actividades de extensión y compromiso con la comunidad, y con la generación de conocimientos que contribuyan al desarrollo de la sociedad en un marco de apertura y pluralismo de ideas.

En este escenario, la Universidad ha decidido emprender junto a la editorial Teseo una política de publicación de libros con el fin de promover la difusión de los resultados de investigación de los trabajos realizados por sus docentes e investigadores y, a través de ellos, contribuir al debate académico y al tratamiento de problemas relevantes y actuales.

La *colección investigación* TESEO-UAI abarca las distintas áreas del conocimiento, acorde a la diversidad de carreras de grado y posgrado dictadas por la institución académica en sus diferentes sedes territoriales y sus líneas estratégicas de investigación, que se extiende desde las ciencias médicas y de la salud, pasando por la tecnología informática, hasta las ciencias sociales y humanidades.

El modelo o formato de publicación y difusión elegido para esta colección merece ser destacado al posibilitar un acceso universal a sus contenidos: ya sea por la vía tradicional impresa en librerías seleccionadas o por nuevos sistemas globales, como la impresión por demanda en distintos continentes, acceso a *eBooks* por

tiendas virtuales, y difusión por Internet de sus contenidos parciales (Google libros, etc.).

Con esta iniciativa, la Universidad Abierta
Interamericana ratifica una vez más su compromiso
con una educación superior que busca en forma constante mejorar su calidad y contribuir con su trabajo al
desarrollo de la comunidad nacional e internacional en
la que se encuentra inserta.

Dr. Mario Lattuada
Secretaría de Investigación
Universidad Abierta Interamericana

ÍNDICE

PRÓLOGO

El libro de Ariadna Guaglianone revisa uno de los temas más críticos de la agenda universitaria de los últimos tiempos: la evaluación institucional y la acreditación de programas. Instala preguntas sobre las semejanzas y diferencias entre ambas prácticas y concluye con opiniones certeras respecto al impacto de cada una de ellas en las universidades argentinas. Este libro se basa en su tesis doctoral, pero no es solo producto de la investigación académica, sino que además está sostenido en la experiencia obtenida tras varios años de trabajo profesional en la materia.

El texto presenta un panorama de los sistemas de evaluación y acreditación de diversos países: Francia, Holanda, Estados Unidos, México, Brasil y naturalmente en Argentina. Lo hace en forma detallada de un modo claro y sintético, proponiendo una perspectiva más amplia que la estrictamente nacional sobre la problemática. Pero además focaliza su atención en los momentos más relevantes de la historia de las universidades de nuestro país, particularmente en el siglo XX y con mayor detalle las últimas décadas, de modo que la cuestión es presentada con una mirada sobre lo internacional, contextualizada y totalmente actualizada.

La evaluación universitaria nació y se instituyó en Argentina atendiendo las demandas que desde la recuperada democracia la sociedad podía expresar interrogando a las instituciones universitarias sobre su calidad, pertinencia y transparencia, particularmente en años de fuerte expansión de la matrícula, crisis del financiamiento público y aumento de la oferta privada de educación universitaria.

Ariadna Guaglianone también nos muestra que las prácticas de aseguramiento de la calidad instituidas en la década de 1990 y concretadas en la creación de la Comisión Nacional de Evaluación y Acreditación Universitaria (CONEAU) formaron parte de ambiciosas políticas de transformación y mejoramiento del sector, como fue la nueva y abarcativa legislación para la educación superior estatal y privada, universitaria y no universitaria, así como la introducción de prácticas de estímulo y financiamiento novedosas para entonces, como el Fondo para el Mejoramiento de la Calidad Universitaria (FOMEC), el Programa de Incentivos a la Investigación y el Sistema de Información Universitaria (SIU), que entre otras iniciativas desarrolló el Ministerio de Educación desde la flamante Secretaría de Políticas Universitarias creada entonces.

Este libro presenta los resultados de dos estudios de caso realizados por la autora, uno en una universidad estatal y otro en una privada, donde se indagó sobre el efecto de las prácticas de la acreditación de las carreras de Ingeniería, comparándolas con las evaluaciones institucionales que ambas habían realizado. Naturalmente se cuidó que las dos universidades tuvieran características que las hicieran comparables en cuanto a su tamaño, épocas de creación, carreras ofrecidas, etc. Fueron la Universidad Nacional del Centro de la Provincia de Buenos Aires, en Tandil, y la Universidad de Belgrano, en la Ciudad Autónoma de Buenos Aires.

Resulta interesante observar los resultados de las tareas de campo que se desarrollaron en una y otra institución, así como las conclusiones a las que se arriba más allá de las preguntas específicas sobre evaluación y acreditación. A partir de esas experiencias, Ariadna Guaglianone sostiene que estas actividades se instalan y desarrollan en las universidades en función de la existencia de un conjunto de factores. Por un lado, porque existe una normativa que establece su realización; por otro, si hay una clara decisión política de los rectores sobre la pertinencia y la oportunidad para realizarlas, en particular para impulsar las evaluaciones institucionales. Pero también por la inquietud sobre los efectos negativos que tendría su no realización, específicamente la acreditación de los programas, junto al interés por los planes de mejoramiento que la Secretaría de Políticas Universitarias viene implementando.

El trabajo ofrece respuestas y realiza interrogantes hacia el futuro. Concluye claramente que, en la percepción de las universidades estudiadas, el impacto por la acreditación de los programas de Ingeniería fue francamente mayor que la registrada por la evaluación institucional. Resultado interesante también mirando hacia adelante, porque además abona la reflexión sobre las posibilidades y los mecanismos eficaces para introducir políticas e instrumentos de cambio en las universidades: legislación adecuada, decisión política, interés por el estímulo, junto a la inquietud por eventuales sanciones.

El libro de Ariadna Guaglianone resultará importante para el lector interesado en la problemática de la educación universitaria y en particular para quienes participan activamente en los esfuerzos por el mejoramiento de su calidad, y buscan conocer y mejorar las políticas y las prácticas de la evaluación institucional y la acreditación de programas.

Carlos Marquís
Abril de 2013

INTRODUCCIÓN

La universidad argentina fue, en el contexto latinoamericano, una de las primeras instituciones creadas
siguiendo el modelo napoleónico de universidad. La
reforma universitaria, iniciada en Córdoba en 1918, le
imprimió características distintivas. Principalmente,
una nueva forma de gobierno.[1] El poder de las academias externas fue desplazado por el cogobierno del
que participaban los profesores. La actuación de los
estudiantes era indirecta, mediada por la elección de
los docentes que integraban los cuerpos colegiados.
También le otorgó un protagonismo social que la ar-
ticuló al campo político, al Estado y a las aspiraciones
de movilidad social de los sectores medios. Asimismo,
impulsó el modelo napoleónico[2] basado en carreras
profesionales, en desmedro del modelo humboldtiano[3]

[1]   El sistema de gobierno fijado en los estatutos de 1883 otorgaba
el control de las facultades a graduados que formaban parte
de las academias. Estos integraban los cuerpos colegiados, se
autorreclutaban, eran vitalicios y designaban a sus propios
miembros.

[2]   La "Universidad Imperial", creada por Napoleón, establecía
que la enseñanza pública en todo el Imperio estaba confiada
exclusivamente a la universidad. Esta era una educación técnica, profesional, basada en la ciencia con escaso vínculo con la
investigación. La consolidación de las carreras profesionales en
Francia fue un producto inevitable de los cambios de la sociedad
francesa antes y después de la Revolución.

[3]   W. Humboldt integró los procesos de investigación, patrimonio
de las academias, a las universidades, iniciando el proceso de
construcción de las "universidades de investigación". El centro

con énfasis en la investigación científica, basado en los intereses de la Iglesia y las clases altas de la sociedad.

Si bien predominó el perfil profesionalista, se desarrollaron iniciativas científicas y tecnológicas dentro de las universidades. Entre estas, pueden distinguirse la incorporación en la Universidad de La Plata de instituciones preexistentes, como el Observatorio Astronómico, el Museo y el Instituto Agronómico Veterinario de Santa Catalina y la creación entre 1909 y 1925 del Instituto de Física. También adquirió prestigio internacional el Instituto de Fisiología de la Universidad de Buenos Aires, creado en 1919. Este instituto generó una importante actividad de investigación y docencia a partir de la unificación y dedicación exclusiva de ambas actividades. Estas iniciativas no solo se desarrollaron en el campo de las ciencias básicas, sino también en las ciencias humanas y sociales a través de la creación del Instituto de Investigaciones Históricas en 1921 y el de Filosofía en 1923, en la Facultad de Filosofía y Letras de la Universidad de Buenos Aires. A pesar de la existencia de distintas alternativas para el desarrollo científico y tecnológico, la reforma acentuó el carácter profesionalista de la universidad, centrado en el Estado, los negocios y las profesiones: características propias de la universidad latinoamericana tradicional.

A lo largo de su historia, la universidad ha sufrido tanto períodos de represión política como de expansión y diversificación en los años sesenta y setenta, similar al resto de América Latina. Sus tradicionales estructuras académicas, sin embargo, se mantuvieron en el tiempo

---

del debate se ubica entre las academias y las universidades para el mejor desarrollo de la ciencia y no para el mejoramiento de la universidad con la incorporación de la investigación.

resistiendo, adaptándose, refuncionalizando o rechazando las demandas de reformas y de modernización académica.

En este contexto, se puede hablar de una universidad fuertemente mesocrática, orientada y moldeada por la demanda de movilidad social, cuya eficiencia interna y externa presentan debilidades difíciles de resolver para un gobierno universitario que asume la forma de república parlamentaria. Eso dificulta los cambios desde la cumbre de la institución o el sistema. Por otro lado, la orientación profesionalista de las carreras como base del sistema y la articulación con el campo político y corporativo profesional debilitan la capacidad de cambio e innovación desde la base disciplinaria del sistema (Krotsch, 2005).

En los años ochenta y noventa, la reforma en educación superior pone el eje en el debate sobre la evaluación y la calidad. Encontramos una sociedad que critica a la universidad y una universidad que debe rendir cuentas a diferentes sectores de la sociedad. La reforma en Argentina, durante la década de 1980, se asienta sobre el proceso de normalización y la crisis presupuestaria, con un sistema de educación superior en tensión entre una progresiva demanda de formación universitaria y una creciente restricción al financiamiento público. A esto se agregan un proceso de diversificación de las instituciones, producto del surgimiento de una variedad de programas académicos en los estudios de posgrado, de la aparición de nuevas modalidades educativas como la enseñanza semipresencial y a distancia, y del crecimiento de la demanda.

La creciente *partidización* y politización de las instituciones, la falta de financiamiento y el aislamiento del

Estado, la sociedad y el rechazo al mercado, sumado a la masividad generada por las demandas sociales en condiciones de restricción presupuestaria produjeron una crisis de calidad, de eficiencia y de eficacia en la educación superior.

En la década de 1990, la agenda internacional, junto con los organismos nacionales, establecieron tres líneas de política centrales: 1) evaluación sistemática de los programas e instituciones; 2) innovación en las formas de asignación del presupuesto público y las fuentes de financiamiento (recuperación de costos con equidad y competencia por el financiamiento); 3) inscripción de estas y otras estrategias dentro de marcos normativos consensuados que permitan, a su vez, la formulación de políticas públicas de reforma (Castro, 2003).

Bajo estas circunstancias, el Estado crea en 1995 el Programa para la Reforma de la Educación Superior (PRES), cofinanciado por el Banco Mundial (BM).[4] Este programa se desarrolla en el marco de la recientemente creada Secretaría de Políticas Universitarias (SPU) del Ministerio de Educación, Ciencia y Tecnología (MECyT), y sus objetivos centrales fueron los siguientes:

- Reforma y ordenamiento del marco legal de la educación superior.

---

[4]   El Programa de Reforma de la Educación Superior (PRES) fue el producto de un préstamo suscripto entre la República Argentina y el Banco Mundial/Banco Internacional de Reconstrucción y Fomento (BM/BIRF, Préstamo 3921-AR), promulgado por Decreto del Poder Ejecutivo Nacional N.º 840/95 en 1995. El Programa contó con una inversión de 273 millones de dólares, de los cuales 165 millones fueron financiados por el BIRF.

- Introducción de incentivos para el mejoramiento de la calidad de la educación superior y de la asignación de recursos.
- Desarrollo de las políticas de evaluación y acreditación. Para ello se crea la Comisión Nacional de Evaluación y Acreditación Universitaria (CONEAU).
- Mayor transparencia en la gestión mediante el mejoramiento de la información.
- Mejoramiento del equipamiento e infraestructura en las universidades públicas.
- Modificaciones a la distribución de los recursos presupuestarios.
- Fortalecimiento de la capacidad de conducción y programación de la SPU.

Desde estas nuevas políticas públicas, el Estado pasó a ejercer un renovado tipo de control de carácter indirecto y mediado por los organismos intermedios o de amortiguación: la Secretaría de Políticas Universitarias (SPU), la Comisión Nacional de Evaluación y Acreditación Universitaria (CONEAU) y el Consejo de Universidades (CU), entre otras. Por los programas especiales: la Comisión de Acreditación de Posgrado (CAP), el Fondo para el Mejoramiento de la Calidad Universitaria (FOMEC), el Sistema de Información Universitaria (SIU) y el Programa de Incentivos a los Docentes Investigadores; que le permitieron vincularse con las universidades nacionales y con algunas privadas en pos de mejorar la calidad de los programas y de las instituciones.

Estas iniciativas generaron controversias con gran parte de las universidades nacionales. Dos grandes actores jugaron roles preponderantes en la discusión y el debate de las reformas. Por un lado, el Consejo Interuniversitario Nacional (CIN) y, por el otro, el Ministerio de Cultura y Educación de la Nación (MCE). En el seno del CIN se encontraban posturas diferenciales, debido a su conformación: el total de los rectores de las universidades nacionales. En contraposición, el MCE exhibía una postura compacta que se modificaría parcialmente en el juego de las negociaciones con el CIN.

Mientras en el CIN se debatía cómo debería ser la evaluación de las instituciones, el MCE desarrollaba una política basada en acuerdos bilaterales con algunas universidades para realizar procesos de evaluación a través de la firma de convenios entre la Secretaría de Políticas Universitarias y cada universidad.[5] Esta situación impidió que el CIN asumiera la coordinación e implementación de un sistema alternativo de evaluación.

Para el año 1994, las políticas implementadas desde el MCE avanzaban hacia la institucionalización de la evaluación de la calidad en el marco de las concepciones esgrimidas por el Ministerio, que finalizaron plasmadas, después de arduas negociaciones con el CIN, en la Ley de Educación Superior N.° 24521.

A pesar de la diversidad de actores que participaron en el debate y la compleja trama que se fue conformando a partir de las distintas posiciones sobre el tema, las universidades terminaron adaptándose y comprometiéndose a la implementación de estas nuevas políticas.

El tema de interés de este trabajo se centrará en el análisis de los procesos de evaluación institucional y

---

[5]   Entre ellas se destacan: Universidad Nacional de Cuyo, Universidad Nacional del Sur, Universidad Nacional de San Juan, Universidad Nacional de Río Cuarto y la Universidad Nacional de Centro de la Provincia de Buenos Aires.

de acreditación de las carreras de grado del área disciplinaria de Ingeniería, en los contextos en los cuales se desarrollaron, dando cuenta de las condiciones institucionales y las motivaciones que permitieron su implementación. Se intentará examinar el desarrollo del proceso y la participación de actores significativos. También se estudiarán, en los resultados obtenidos en ambos procesos, las prácticas desarrolladas una vez recibidos los informes finales del organismo evaluador y el abordaje de las problemáticas expuestas en dichos informes. Finalmente, se evaluarán las consecuencias expresas, en relación con los proyectos de mejora, surgidos de los procesos de evaluación y de acreditación.

El enfoque metodológico toma como perspectiva la investigación cualitativa. Ella construye un proceso interactivo continuo marcado por la articulación entre la comprensión de la acción social intersubjetiva y el marco de referencia en donde se desarrolla. Los supuestos que se plantean, presentes en el trabajo, sostienen:

1. Las condiciones institucionales para el desarrollo de los procesos de evaluación institucional y acreditación de las carreras de grado dependen de la existencia de dos factores: a) un impulso externo –en este caso, la Ley de Educación Superior y la CONEAU– que armonice con el proyecto del rector; y b) un liderazgo fuerte del rector que le permita manejar las tensiones y las negociaciones en el interior de la institución.

2. Los procesos de evaluación institucional tuvieron un resultado menor a lo esperado en cuanto a constituirse en instrumentos de mejoramiento de la calidad y lograr altos niveles de participación de

la comunidad académica; debido a la ausencia de consecuencias expresas a posteriori de los procesos.

3. Los procesos de acreditación de las carreras de grado tuvieron un resultado mayor a lo esperado en cuanto a constituirse como instrumentos de aseguramiento de la calidad de las carreras y lograr altos niveles de participación de la comunidad académica, debido ello a la existencia de consecuencias expresas a posteriori de los mencionados procesos.

No se pretende profundizar en la discusión ideológica de la época, sino en el análisis de los dos instrumentos: la evaluación institucional y la acreditación de las carreras de grado en el área disciplinaria de ingeniería.

En el capítulo I se desarrolla el marco teórico. Se analiza la universidad como objeto de estudio desde una perspectiva organizacional, la problemática de la calidad y sus múltiples definiciones, y la cuestión de la evaluación y acreditación. Ahí se abordará el concepto de "cultura de la evaluación". También se destacan las reformas de la educación superior en América Latina y particularmente se tendrá en cuenta para Argentina algunas posiciones sostenidas al inicio de los años noventa, donde es posible afirmar que la problemática de la evaluación y la acreditación de la calidad universitaria se constituyó, desde un principio, como un problema con fuertes implicancias ideológicas, culturales, políticas y económicas.

Con el fin de estudiar el tema con una mirada más amplia y evitar el reduccionismo que a veces produce el no conocer cómo se enfrenta el problema de la evaluación y acreditación en otras culturas, con sistemas educativos y gubernativos diferentes o semejantes al nuestro, en el capítulo II se indaga sobre la experiencia internacional. Se hace hincapié, por un lado, en las prácticas de evaluación y acreditación de la educación superior en Estados Unidos y Europa, tomándose como casos los procesos desarrollados en Estados Unidos, Francia y Holanda; y por el otro lado, en la educación superior latinoamericana, poniendo el eje en los sistemas de Brasil, México y Argentina. Tomar el caso argentino permite observar las semejanzas y diferencias en relación con los sistemas europeos y los desarrollados en el resto de América Latina.

En el capítulo III se analiza el surgimiento de la universidad en Argentina, considerando los contextos político-institucionales relevantes en los cuales se desarrollan dichos procesos. Se considerará la universidad de la colonia, de la Generación del Ochenta, la Reforma del 18, la Universidad y el peronismo, el desarrollismo, la dictadura militar y la universidad del retorno a la democracia.

El capítulo IV indaga sobre los avances en la conformación del Sistema de Educación Superior, la reforma producida en los años ochenta y noventa, la instalación del tema de la evaluación y acreditación. Para el análisis de los distintos procesos, se han tomado en cuenta el posicionamiento de los actores del sistema universitario frente a la formulación de la política de evaluación y acreditación, y algunos hitos en nuestro país, como el Subproyecto 06, la creación de la Secretaría de Políticas Universitarias (1993) y la sanción, en julio de 1995, de la Ley de Educación Superior N.º 24521.

En el capítulo V se presenta el análisis de los casos y se exponen los resultados del trabajo. Se desarrolla una breve reseña histórica de las universidades analizadas.

Se describen los procesos de evaluación institucional y de acreditación de las carreras de grado de Ingeniería. Se realiza el análisis de las entrevistas efectuadas en el trabajo de campo. Asimismo, se sustentan opiniones personales surgidas a partir del análisis de los casos.

Finalmente, se expone una breve recapitulación de lo desarrollado a lo largo del trabajo, se fundamentan los supuestos y las conclusiones en torno al tema que se analiza. También se presentan algunas consideraciones e interrogantes vinculados a los escenarios futuros y las incertidumbres que han generado, 18 años después, los procesos de evaluación institucional y acreditación de las carreras de grado.

CAPÍTULO 1
LA UNIVERSIDAD COMO OBJETO DE ESTUDIO

La temática se proyecta sobre tres ejes: la universidad desde una perspectiva organizacional, la problemática de la calidad y sus múltiples definiciones, y la cuestión de la evaluación y la acreditación, donde se abordará el concepto "cultura de la evaluación". Asimismo, se tienen en cuenta algunas posiciones sostenidas al inicio de los años noventa, cuando la evaluación y la acreditación de la calidad universitaria se constituyeron como un problema con implicancias ideológicas, culturales, políticas y económicas. Las nuevas prácticas se relacionaban con la vinculación entre el Estado y la universidad, el poder central y las instituciones universitarias. Y con la distribución de la autoridad y el poder.

1. La naturaleza de la organización universitaria

La universidad como objeto de reflexión teórica supone reconocer la distancia que separa a este tipo de organización de otras. Se ha intentado dar cuenta de las características que la distinguen desde distintas perspectivas (Baldridge, 1986; Weick, 1986; Kent, 1990; Clark, 1992; Bourdieu, 1984).

La universidad es una institución compleja. Su núcleo fundante es la producción y reproducción del conocimiento, lo que le da un carácter organizacional particular (Cox y Courad, 1990). Posee una racionalidad distintiva y una forma de gobierno que la diferencia de cualquier otro tipo de institución o empresa. En las universidades argentinas, esta diferencia está mucho más presente desde el movimiento conocido como "la Reforma del 18",[6] que les imprimió naturaleza propia.

La universidad tiene jerarquías, objetivos, un sistema de obligaciones y derechos, un conjunto de reglas que orientan los procesos de tomas de decisiones, y un cuerpo burocrático encargado de las funciones administrativas. Baldridge (1986) rescata los aspectos que permiten distinguirla: ambigüedad en los objetivos; servicio centrado en la clientela; tecnología problemática y difusa; profesionalismo de sus cuadros y vulnerabilidad ambiental.

La elaboración de políticas universitarias es el resultado incierto de las negociaciones y del conflicto entre una multiplicidad de actores. Las decisiones no son el producto de órdenes, en el sentido burocrático. Tampoco el reconocimiento indiscutible de una autoridad técnico-académica. Representan el conflicto entre los grupos que disputan el control de recursos, materiales y simbólicos, que hacen al entramado de poder en el interior de la institución.

La multiplicación de tensiones y conflictos a partir de transformaciones en los sistemas de educación superior se manifiesta en las lógicas de gobierno de las universidades. Las acciones del campo académico

---

[6]   En junio de 1918, la juventud universitaria de Córdoba inició un movimiento por la democratización de la enseñanza. Las reivindicaciones reformistas bregaban por la renovación de las estructuras y objetivos de las universidades, la implementación de nuevas metodologías de estudio y enseñanza, el razonamiento científico frente al dogmatismo, la libre expresión del pensamiento, el compromiso con la realidad social y una nueva conformación del gobierno universitario.

se encuentran atravesadas tanto por las formas de gobierno cristalizadas en la cultura institucional como por los distintos estilos de gestión, explicables por su constitución histórica y por la influencia de aspectos propios de la cultura política.

La universidad es una organización integrada por distintos actores: la estructura burocrática, los estudiantes, los docentes, la conducción académica, los sindicatos docentes, los no docentes y las organizaciones estudiantiles. Crozier y Friedberg (1990) sostienen que las estrategias que los actores diseñan, producto de la negociación y el conflicto, se asocian a los límites que las estructuras imponen en las instituciones. Cuanto más imprevisibles sean las conductas de los individuos o grupos, mayor será su poder.

Pensando en los conflictos y las negociaciones de los actores, a diferencia de la imagen de permanencia en los vínculos, lo que distingue a la universidad es su débil articulación, caracterizada como "acoplamiento laxo" (Weick, 1986). Este concepto alude a la existencia de un conjunto de elementos o ámbitos que, interdependientes, mantienen su identidad y cierta evidencia de su separación lógica y física, al tiempo que su interacción es circunstancial y débil en sus efectos mutuos. Son subrayables las características organizacionales, los espacios y las estructuras que sostienen este tipo de interacción en una universidad de masas.

Sobre la base de la estructura y la organización de los sistemas de educación superior, Clark construye un modelo teórico que permite una interpretación dinámica de los actores involucrados, de los comportamientos del sistema, de los conflictos de poder y negociación, y de los procesos de cambio. El texto de Clark[7] analiza los sistemas en un contexto de masificación, diversificación de instituciones y complejización de las relaciones entre sociedad, Estado, mercado e instituciones.

En este sentido, se sostiene que las universidades estarían asociadas a una imagen de "anarquía organizada", producto de la disolución de los objetivos en la multiplicación de funciones, como así también de la reorientación de la toma de decisiones y los procesos educativos por la demanda. A su vez, por la escasa formalización de los saberes que sostienen los procedimientos organizacionales. Y finalmente, por la autonomía de los profesionales, divididos en sus lealtades y reticentes a todo control que no sea el de sus pares.

El poder en las universidades no se encontraría tanto en los órganos de gobierno o en los puestos de dirección o jerárquicos como alrededor de grupos de interés, ya sean disciplinares, partidarios, grupos de presión. Sin embargo, este desorden o anarquía genera un orden propio que le permite funcionar según su lógica interna a pesar de las múltiples contradicciones en su interior.

Las actividades básicas de las universidades son la docencia y la investigación. Se dividen y vinculan por la especialización. Los académicos se integran alrededor de los conocimientos especializados, produciendo esta división del trabajo y generando estructuras planas débilmente acopladas, poco articuladas, cuyo control es difuso y sus objetivos ambiguos.

Este tipo de organización estructurada en torno al conocimiento especializado presenta tensiones intrínsecas. Las actividades académicas se dividen y agrupan

---

[7]   Nos referimos al libro *El sistema de educación superior*.

por disciplina y por establecimiento. Los vínculos suelen ser acotados, aleatorios, discontinuos. Las fuerzas de la especialización son más poderosas que las fuerzas de la integración, es decir, que la preocupación por el conjunto, su identidad e integridad.

La educación superior se centra en la disciplina, pero simultáneamente necesita funcionar bajo la forma de los establecimientos. El entrecruzamiento realizado entre el establecimiento localizado geográficamente y las disciplinas conforma una estructura matricial en gran escala. La vinculación entre las disciplinas e instituciones converge en las unidades académicas: la cátedra, el departamento y el instituto, que constituyen las unidades básicas del funcionamiento del sistema universitario.

Los sistemas son clasificados en tres tipos ideales de distribución de autoridad: el Estado, el mercado y la oligarquía académica. A partir de ellos, se analizan la coordinación e integración en educación superior. Son producto de relaciones de poder y hegemonía entre la burocracia central, los académicos y el mercado.

Estas relaciones pueden considerarse parte de un continuo. En un extremo, el Estado; en el otro, el mercado. No obstante, un sistema puede estar coordinado por la oligarquía académica que a veces tiene mucho poder de negociación con la burocracia central. Estos grupos tienden a organizarse y crear "cuerpos intermedios de amortiguación". Son organismos autónomos generalmente conformados por personas influyentes dentro y fuera de su disciplina e institución.

Tomando la coordinación del sistema a través de los tres elementos –Estado, mercado y oligarquía académica–, Clark introduce el modelo triangular donde cada vértice constituye un extremo en el cual se encuentran representados los distintos elementos. Existen diferentes combinaciones de los tres elementos, sin embargo, en cada extremo prima una forma y se desarrolla una cuota mínima de los otros dos.

Las contiendas abiertas por el poder y la hegemonía se desarrollan entre el Estado y la oligarquía académica, ya que el mercado no produce resultados confiables. En este contexto, el control del Estado se muestra en la ubicación y expansión de las instalaciones, el financiamiento selectivo, la designación de los integrantes de los cuerpos coordinadores, entre otras. El control de la oligarquía académica se expresa en la demanda de expertos.

El análisis organizacional podemos cruzarlo con la mirada de Pierre Bourdieu (1984),[8] quien también se concentra en la universidad como campo con tensiones propias. Las lógicas académicas se abordan desde las diferencias sociales y económicas, que se materializan en el interior de las universidades como disputas entre facultades. Ellas reproducen la estructura social dominante. El análisis construye sentido sobre el campo académico, su estructura y su dinámica de funcionamiento.

Para poder entender el razonamiento que plantea Bourdieu, debemos considerar su noción de "campo". Esta da cuenta de la existencia de lugares o posiciones diferenciales en un determinado espacio. Dicho espacio se estructura y funciona precisamente a partir de las relaciones que se establecen entre los ocupantes transitorios de estas posiciones. Los componentes en disputa constituyen un rasgo esencial de todo campo. Condicionan y determinan la acción y las diferentes

[8]   Nos referimos al libro *Homus Academicus*.

estrategias que ponen en juego cada uno de los ocupantes de las posiciones. Finalmente, la especificidad de cada campo, sea el artístico, el intelectual, el político, el burocrático, el científico, etc., viene dada por el tipo de capital[9] que regula dicho campo.

Como todo campo, el universitario se estructura con una lógica propia en la que se articulan los principios de jerarquía y legitimidad. Ambos principios permiten comprender las diferencias en el reconocimiento social de las instituciones y disciplinas académicas, teniendo en cuenta la autonomía relativa del campo universitario en relación con otros, especialmente el del poder.

El campo universitario argentino ha sido, durante la década de 1990, permeable a la influencia del Estado frente a una debilidad en su práctica y discurso institucional. Se le cuestiona la ausencia de calidad, eficiencia, productividad, vinculación con el medio y el mercado, entre otras.

El mundo universitario es el escenario de una controversia en torno al derecho de decir la verdad sobre sí mismo y sobre el ámbito social en general. En este sentido, la universidad es el espacio del monopolio de la verdad. Constituye un lugar de disputa entre las disciplinas y sus criterios de apreciación y calificación, entre sí, y dentro de las propias disciplinas (Bourdieu, 1984). Desde estas concepciones, las estrategias profesionales, la producción intelectual de los académicos y las

---

[9]   Bourdieu distingue tres tipos de capital cultural: el capital heredado, que es transmitido en la socialización primaria y familiar; el capital instituido, constituido por los libros escolares; y el capital cultural objetivado, que se correspondería con los libros y otros recursos físicos asociados.

tendencias políticas son determinadas por su ubicación y trayectoria en el campo académico.

La universidad (al menos la francesa, a la que se refiere en concreto *Homus Academicus*) es considerada como un campo de enfrentamiento entre varios poderes, constituyendo así un espacio de posiciones y de "especies" del profesor universitario. En este espacio se plasma la estructura de la distribución de las especies de poder. Se manifiesta de diversas maneras: en los conflictos y luchas entre facultades, entre unas ciencias y otras, o entre unas disciplinas y otras; en el acaparamiento de más o menos horarios de clases, recursos económicos y personales; en la reproducción del cuerpo de profesores universitarios; en la endogamia del cuerpo; en la separación de los adversarios. El mundo universitario es, en definitiva, un campo de luchas de poder entre individuos que ocupan distintas posiciones en el espacio no solo académico sino también social. Tener más o menos poder en la universidad no se debe solo a la valía y prestigio como profesor o investigador, sino también a las relaciones sociales de poder individual, que a su vez se deben a aquella posición académica.

2. El campo de las reformas de la educación superior en América Latina

La discusión sobre las reformas universitarias producidas durante los años ochenta y noventa en América Latina hace referencia a las tendencias globales en educación superior (García Guadilla, 2001; López Segrera, 2001; Brunner, 1990, 1997, 2000). La política para toda la región se desarrolló sobre bases liberales definidas en tres ejes: un paquete de reformas del Estado, privatizaciones y un ajuste estructural.

En educación superior, las políticas se centraron en un nuevo contrato entre el Estado y las universidades, basado en la evaluación y en formas alternativas de financiamiento.

La complejidad causada por la masividad, por el crecimiento del sector privado y por las limitaciones de la universidad para adaptarse a la nueva sociedad de información y conocimiento generó el abandono de los gobiernos de la posición de libre mercado propia de los años ochenta, en que la privatización era considerada un paliativo a la expansión cuantitativa, sin control de calidad (López Segrera, 2001). Se formularon políticas centradas en el mejoramiento y el aseguramiento de la calidad, mediante la acreditación, la certificación y la evaluación, con el objetivo de conciliar la expansión y la calidad, formulando políticas y elaborando instrumentos para su control.

Joaquín Brunner, en su libro *Universidad y sociedad en América Latina,* resume las tendencias de cambio en la educación superior latinoamericana. Brunner utiliza un diagrama donde se analiza la universidad hacia adentro, como una organización dotada de su propia identidad y lógica de funcionamiento; y hacia fuera, como una entidad históricamente situada en un contexto con el que interactúa mediante relaciones de carácter externo. Esta lógica permite estudiar tanto la estructura de la universidad como sus dinámicas de cambio, sin quedar atrapados en la lógica del sistema y de los actores, o de los enfoques del funcionalismo y el conflicto.

Este modelo focaliza en dos perspectivas. Por un lado, la producción de conocimiento avanzado y de certificados, lo que conlleva una división del trabajo y de roles. Por el otro, el régimen del poder y sus distribuciones que articulan desde adentro las universidades, hacia fuera acoplan los intereses de la corporación universitaria con el Estado, la sociedad civil y el mercado.

En ese juego de interacciones entre "factores internos y externos", de contenido económico y político, surgen las culturas institucionales y de los diferentes territorios y campos de conocimiento. Es decir, las representaciones simbólicas con que los actores académicos construyen de sus roles y prácticas, sus lazos de pertenencia, sus relaciones entre pares y con el mundo externo, sus modos de concebir y juzgar la autoridad y describir el trabajo que luego transmiten e intercambian a través de los discursos y las ideologías propias del campo académico (Brunner, 2007).

Las transformaciones en educación superior se vinculan a factores políticos y económicos, internos y externos. Los problemas políticos internos se asocian con el régimen de generación de conocimiento y certificados, lo que introduce métodos de producción en masa en las formas contemporáneas de la organización de la investigación universitaria.

Si tomamos en cuenta las transformaciones de las universidades latinoamericanas, observamos que han evolucionado hasta convertirse, en general, en instituciones de transmisión y certificación de conocimientos, casi exclusivamente inclinadas al desarrollo de su función docente. Estas nuevas formas de organización en el interior de las universidades han generado la existencia de nuevos roles, relaciones, intereses y representaciones de su identidad. Ponen en juego los diferentes grupos que componen la profesión académica, así como su jerarquía interna, estratificación y patrones de distribución de beneficios materiales y simbólicos, y los conflictos distributivos que generan (Brunner, 2007).

Otra cuestión para destacar es el impacto de las nuevas tecnologías. Aún es difícil realizar un diagnóstico del fenómeno. Se sabe que producen efectos sobre las funciones sustantivas de la universidad y su transformación en empresas de servicio de conocimiento.

Siguiendo los factores económicos externos, se observa que la diferenciación institucional se ha acelerado. Proliferan universidades, institutos universitarios, sedes, subsedes, unidades, niveles y programas de enseñanza. Esta diversificación institucional "ha colapsado la idea de la universidad [...] la idea del modelo humboldtiano de una institución autónoma de conocimiento que [...] debía combinar en su seno, de una manera estructuralmente articulada, la investigación avanzada y la docencia superior" (Brunner, 2007).

En América Latina, la imposibilidad del desarrollo del modelo humboldtiano proviene de dos causas fundamentales: la presión de los procesos de diferenciación y la masificación de la matrícula de enseñanza superior.

Otro de los fenómenos a los que se encuentra sujeta la universidad, en relación con el mercado de trabajo, es la desvalorización de los títulos que otorga. Los títulos profesionales comienzan a disminuir su valor de cambio en el mercado. Se ven empujados "hacia abajo" por la espiral inflacionaria de su emisión masiva. O dan lugar a negociaciones, también a la baja, de los ingresos y el estatus tradicionalmente asociados a ellos.

La necesidad de producir recursos propios provoca que las universidades se involucren en el ámbito de los negocios, que coticen la producción de conocimiento en el mercado, que interaccionen con los sectores productivos y la industria. Si bien la universidad sigue considerándose como una institución de producción de un bien público, también rige la idea de que las personas invierten en ella con la expectativa de obtener un retorno privado a posteriori. En la lógica anterior, el título profesional era un servicio público, por los beneficios sociales que traía consigo. Una parte sustancial de la antigua legitimidad ha cambiado, obligándola a justificar abiertamente su propia utilidad social (Brunner, 2007).

Entre los factores políticos, la problemática de la forma de gobierno parecería ser uno de los temas más álgidos. Se vincula con las tradiciones de la universidad latinoamericana y con el postulado de cogobierno de la Reforma del 18. El gobierno "colegial –burocrático representativo– de base electoral" sería hoy uno de los principales elementos de freno al cambio y del mantenimiento del *statu quo*. En las universidades públicas, una limitación al gobierno es el escaso poder real que tienen los directivos. En este sentido, Bricall (2005) sostiene que la forma colegial ofrece ventajas, como facilitar un elevado consenso interno, y garantiza una gran autonomía en el plano académico. Sin embargo, dificulta la gestión institucional debido a la necesidad de llegar a amplios acuerdos haciendo que los procesos de decisión se tornen pesados y lentos. Los intereses corporativos de los distintos estamentos suelen tener más peso que el interés general de la institución. La amplitud de negociación diluye las decisiones menguando su eficiencia. Finalmente se llenan de contenido político procesos que solo deberían tener un carácter técnico.

Otro de los fenómenos se relaciona con las nuevas formas de gestión de las instituciones universitarias, nuevos estilos para la asignación presupuestaria, incorporación de alumnos, currículos, entre otros. Esta situación parecería haber instalado en algunas universidades públicas la necesidad de un cambio en las culturas organizacionales vinculadas a la pérdida de estatus y credibilidad social.

El gobierno y la administración de las universidades se ha ido complejizando a partir de las políticas de reforma de la educación superior, con transformaciones en las burocracias de las instituciones universitarias.[10] El argumento central de dichas transformaciones es la intervención del Estado en los procesos académicos. Este aumento en la actividad estatal y la necesidad de rendición de cuentas ha conllevado a que el gobierno, la administración y la gestión de las universidades asuman un carácter profesional, lo que ha permitido la especialización de las funciones a nivel de los procesos de toma de decisión, de estructura, de administración de recursos humanos y de procesos de comunicación e información.

En las universidades se produce un nuevo segmento burocrático que gana en complejidad:

> Es difícil ya encontrar algún establecimiento donde no exista una compleja estructura de autoridad, con una división burocrática del poder, donde el rector preside sobre un equipo

---

10   La burocracia, en su significado típico-ideal, como aparato administrativo racional legal (Weber, 1969), es cuestionada. Supone la existencia de un sistema de reglas generales que vinculan las relaciones de poder y el aparato administrativo, junto con una organización de tipo jerárquica y despersonalizada. La racionalidad de dicho aparato se argumenta desde su principio de "superioridad técnica" identificada con los rasgos de precisión, rapidez, discreción, cohesión, etc.

de vicerrectorías y departamentos especializados, cada uno dotado de un cuerpo de funcionarios permanentes que se hacen cargo de las funciones de dirección, administración, gerencia de recursos, contabilidad, asesoría jurídica, planificación institucional, administración de las investigaciones, tareas de extensión, de cooperación internacional, de contacto con la empresa, de promoción y venta de servicios, etc. (Brunner, 1990).

Si nos centramos en las políticas externas, en particular en la cambiante relación entre las universidades públicas y el Estado, este último ha transitado un camino de una relación de "patronazgo benévolo" a un vínculo más ambiguo, donde aplica políticas de evaluación de desempeños y resultados institucionales, mientras que las instituciones exigen apoyo en insumos y un tratamiento preferencial en función de su misión pública.

Crece el interés estatal por la utilización de instrumentos de medición de resultados de la eficiencia y efectividad en las instituciones. Se incentivan mecanismos de mercado que introducen la competencia entre instituciones de gestión pública –y en algunos casos, para las privadas– mediante fondos concursables, incentivos y contraprestaciones. Estas circunstancias han hecho que las públicas pierdan prerrogativas y privilegios que hasta ahora sostenían, y se vean empujadas a modificar ciertos patrones de comportamiento, diversificar sus ingresos y a dar cuenta de la eficiencia de su gestión y la efectividad de su rendimiento.

Observando hoy la universidad, es posible pensar que de ser una institución que prolongaba y expresaba la hegemonía de una clase, incorporando a los hijos de los grupos sociales emergentes, a las élites, y formando a un selecto grupo para el cultivo de un estilo estamental de vida, pasó a ser una institución de masas, profesionalizada, dotada de un mercado interno para las posiciones intelectuales, propensa a la *politización*, gobernada mediante procesos altamente burocráticos (Brunner, 2007).

2.1. Las reformas de la educación superior en Argentina

La temática de la evaluación de la calidad en educación superior en Argentina se introduce en la agenda universitaria en los años noventa. La incorporación de procedimientos sistemáticos de evaluación y de acreditación en los sistemas nacionales implicó una redistribución de las relaciones de poder entre el Estado, las élites académicas, sus instituciones y la ejercida por los mercados pertinentes y sus agentes (Brunner, 1994).

La calidad en educación superior se expresa a través de exigencias externas de la sociedad que han ido evolucionando en el tiempo. En los años cuarenta y cincuenta, se asoció con la movilidad social de los egresados. Hasta comienzos de la década de 1960 existía una visión tradicional y estática de la calidad de la educación universitaria. Se presuponía la calidad de la enseñanza y el aprendizaje como constitutivos del sistema, basada en la tradición de la institución, en la exclusividad de los profesores, los alumnos y en los recursos materiales. Lo que sucedía en el interior del sistema educativo universitario no era objeto de análisis ni del Estado ni de la sociedad. La universidad era la única guardiana, poseedora y transmisora de los conocimientos, mientras que la sociedad asumía que eso era bueno.

Sin embargo, hay que observar que, salvo momentos históricos específicos como los años 1953 y 1973,[11] la calidad en el sistema público estaba centrada en las condiciones de ingreso a las universidades, sobre la base del examen de ingreso y la selección. En 1970, la cantidad de alumnos que integraban el ámbito universitario ascendía a 274.634, dispersos en 38 universidades (14 nacionales y 24 privadas) y 215 institutos terciarios. Treinta años después, la población estudiantil se multiplicó por cinco: pasó a 1.510.000 alumnos en más de cien universidades. Este vertiginoso crecimiento no fue acompañado por un incremento de los recursos en una misma proporción, generando a la larga una crisis por la ausencia de presupuesto, una baja en la calidad de la enseñanza, en la formación docente, en la investigación y ausencia de infraestructura que garantizase la formación de los alumnos.

A partir de los años ochenta, la calidad comenzó a determinarse en relación con las demandas de los sectores económicos, políticos y sociales. En la educación universitaria surgieron situaciones que introdujeron una impronta específica para la redefinición del concepto. Entre ellas pueden destacarse:

- El sostenimiento de los mismos métodos de enseñanza, de los recursos materiales y humanos, insuficientes ante la masificación del ingreso.

---

[11]   En el año 1953, durante el gobierno de Perón, se eliminaron los aranceles y el examen de ingreso, produciéndose una expansión de la matrícula. En 1973 vuelve a instalarse el ingreso irrestricto que había sido suprimido durante el gobierno de facto de Onganía en 1966.

- La proliferación de nuevas universidades, mayoritariamente privadas; la realización de funciones básicas de las universidades por otras instituciones o centros, provocando una competencia que requería de la demostración de la calidad y la pertinencia de las instituciones.
- La desconfianza de la sociedad y el Estado sobre las universidades trajo como consecuencia la necesidad de establecer un nuevo sistema de relaciones, basado en la rendición de cuentas.
- La disminución del financiamiento.

Estas situaciones afectaron la concepción de la calidad existente hasta el momento. A partir de la globalización del conocimiento, la universidad dejó de ser percibida socialmente como el espacio donde se acumulaba el conocimiento universal. La demanda de la sociedad comenzó a manifestarse por la necesidad de que el conocimiento fuese pertinente y pasible de ser aplicado a su entorno.

La tradición de las instituciones o su condición de élite también comenzaron a ser insuficientes. *Tradición* dejó de ser sinónimo de *calidad* a partir de los fuertes procesos de masificación. Las universidades, arraigadas en las antiguas concepciones de autonomía, calidad, eficiencia, etc., no tomaron iniciativa para solucionar dichas situaciones, lo que provocó que las reformas provinieran del exterior y no de su interior. Tanto los sistemas de evaluación como de acreditación han sido producto de políticas estatales y no de propuestas elaboradas por las instituciones.

El término *calidad* es un concepto polisémico del cual es difícil dar cuenta. Deriva de su uso en el mundo empresarial. La mayoría de las universidades han adoptado esta perspectiva economicista, que focaliza en los términos de eficiencia, eficacia, aplicabilidad y control. El concepto de calidad puede referirse también a una diversidad de definiciones. De acuerdo a las variables que se observen: desde el lado de los insumos (profesores, alumnos, recursos físicos y financieros); de los procesos (docencia, investigación y gestión); o desde los resultados (egresados, investigaciones, publicaciones, desarrollos tecnológicos). Brunner (1994) sostiene que las concepciones sobre calidad irán modificándose dependiendo si el análisis se centra en los insumos, en los procesos, en los resultados, o si adoptamos como foco consideraciones intrínsecas o externas para el control de la calidad, o según sean las funciones (docencia, investigación, gestión, etc.). "La calidad" aparece como un concepto multidimensional.

Podría argumentarse que no se puede separar el concepto de calidad de la idea de pertinencia, eficiencia y equidad.

> No hay calidad sin pertinencia. Sin la adecuación de los contenidos, habilidades, valores y actitudes del currículum a la demanda política, cultural, socioeconómica y laboral del momento. Sin eficiencia, o sea sin la utilización racional, responsable y con rendición pública de cuenta de los recursos humanos, económicos y de infraestructura, escasos por definición. Y sin equidad, que consiste en una real igualdad de oportunidades, iniciada desde el nacimiento y con garantía por parte del Estado (Mignone, 1992).

La calidad educativa es un constructo discursivo sometido a definiciones, negociaciones y valores en disputa entre los distintos actores.

En el análisis de Aguilar Cabrera (2004) podemos distinguir distintos conceptos de calidad basados en diferentes aspectos. Presentan un rasgo común, su relatividad. En este sentido, encontramos:

1. El concepto de calidad como excelencia, basado en la definición tradicional, equivalente a poseer estudiantes sobresalientes, académicos destacados y aseguramientos de primer nivel. Este concepto generalmente se aplica en una educación superior de élite.
2. El concepto de calidad como respuesta a los requerimientos del medio, basada en una definición donde prima la pertinencia. Esta trae el peligro de que la calidad se tome solo sobre la base de los requerimientos que realicen agentes interesados exclusivamente en aspectos técnicos o culturales, pero no de valores en los graduados universitarios. Este tipo de formación podría limitar al profesional egresado para realizar la necesaria movilidad tanto en el mercado como en el intercambio internacional.
3. El concepto de calidad basado en la dependencia de los propósitos declarados. Tiene la dificultad que puede no ser suficiente para garantizar la calidad de la universidad si los propósitos son limitados, pobres y regionales. Posee la ventaja de que una institución puede trazarse sus propias metas.

Así, una institución puede definir que una universidad de calidad es aquella que formula sus objetivos y sus misiones claramente y que prueba ser efectiva y capaz de lograrlos. Desde la perspectiva del estudiante, podría ser la excelencia en la formación. Para los empleadores, la calidad estaría en la excelencia de los diplomas. Los docentes la centrarían en la mayor publicación de *papers* o en la asignación de recursos para la investigación. Para el resto de la sociedad, estaría en los poderes y en la administración de los costos, entre otros.

La calidad no es un concepto absoluto, sino relativo. En él va implícito el concepto de apreciación o evaluación. Para evaluar o apreciar la calidad de un objeto, es necesario hacerlo en función de ciertas normas o estándares preestablecidos que permitan juzgar su mayor o menor acercamiento a los patrones o modelos de referencia (Tünnermann Bernheim, 2003). El acto de evaluar posee un fuerte carácter valorativo sobre el objeto y requiere la condición de ser judicial y sistemático, dado que al evaluar se emiten juicios con consecuencias para las instituciones, y su carácter sistemático es el que permite asegurar la revisión continua y el mejoramiento permanente (Peón y Pugliese, 2003).

Teniendo en cuenta la existencia de múltiples definiciones de calidad, los criterios para evaluarla y sus fines, ya sea para la acreditación (*quality assessement*) o para el mejoramiento (*quality enhancement*), la calidad de un sistema universitario es producto de varios factores y procesos debido a la multifuncionalidad de la educación superior.

Podemos conceptualizar la evaluación de la calidad en el marco del planeamiento estratégico, considerando que debe asumir las siguientes características:

1. Debe considerarse una práctica permanente, sistemática, institucional e intrínseca por parte de los actores involucrados, permitiendo detectar los nudos problemáticos y las fortalezas. Implica la reflexión permanente sobre la propia tarea.

2. Su alcance debe considerar los procesos, los productos y el impacto en la sociedad.

3. Debe ser una tarea fundamental de la gestión administrativa y académica, que involucre las actividades sustantivas de las universidades (docencia, investigación y extensión), que permita conocer la realidad y su relación con las metas planteadas, así como la generación de proyectos alternativos y a futuro.

4. Debe tener un carácter constructivo. Tendiendo a detectar las debilidades y los déficit de la institución con el objetivo de la mejora y el logro de metas superadoras.

5. Debe encararse teniendo en cuenta los propósitos específicos de la institución, las condiciones institucionales particulares de su historia local y el contexto social en el que se desarrolla. Debe atender tanto a los aspectos cuantitativos como cualitativos.

6. Debe ser una tarea asumida colectivamente, en consenso con los actores involucrados, tanto en el diagnóstico como en la interpretación de la información, el diseño de políticas y en su ejecución, permitiendo garantizar la viabilidad de las propuestas y mejoras.

Teniendo en cuenta estos factores la evaluación lograría transformarse en una herramienta para el mejoramiento de las universidades y de la práctica educativa. El propio proceso de evaluación, investigación y planificación permitiría explicitar y entender los problemas, clarificando los objetivos y los propósitos de la institución (Álvarez, 1992).

En cuanto a los procesos para evaluar la calidad de las carreras y de las instituciones, existen diversas concepciones y formas para su realización. Para Van Vugh (1996), la acreditación "es un proceso en el cual un grupo externo juzga el nivel de calidad de uno o más programas específicos de una institución de educación superior, mediante el uso de estándares preestablecidos". Para García Guadilla (1997), el proceso de acreditación es "el procedimiento mediante el cual se decide si una institución o programa tiene la suficiente calidad para ser acreditada de acuerdo a criterios mínimos establecidos". Para Randall (2004), la acreditación implica una aprobación con consecuencias, ya sea para la carrera o para los estudiantes. Sus propósitos son la rendición de cuentas, brindar información y propender al mejoramiento continuo.

Desde los criterios para la evaluación se manifiestan diversas perspectivas, ya sea poniendo el foco en la toma de decisiones, en la emisión de juicios de valor o en la ética (Fernández Lamarra, 2003). También podemos distinguir enfoques multidimensionales considerando los insumos, los procesos o los resultados (Brunner, 1994).

Sin embargo, la mayoría de las modalidades para la evaluación de la calidad parten de un proceso de autoevaluación tendiente a que la institución reflexione sobre su rol, detecte sus fortalezas y debilidades, y desarrolle planes de mejora, finalizando con una evaluación posterior a cargo de pares evaluadores que dictaminan tras realizar un juicio evaluativo.

En el caso de las acreditaciones de carreras, con el fin de asegurar su calidad, el modelo se basa en estándares para realizar un juicio analógico mediante apreciaciones y comparaciones. La operación consiste en comparar la carrera con los estándares (modelo ideal), estableciendo la distancia entre los distintos atributos con el modelo ideal.

Tomaremos el concepto de calidad en correspondencia con los propósitos declarados y consensuados por las instituciones y el organismo evaluador y acreditador. El patrón de calidad debe contener las siguientes cuestiones:

a. La comparación con estándares establecidos que satisfagan las exigencias sociales, estatales y las de la propia institución, acordadas previamente por los distintos actores. Este patrón consiste en la articulación entre las acciones de la institución y el grado de su cumplimiento, expresadas en los estándares, variables e indicadores que comúnmente se emplean en la evaluación y acreditación.

b. La pertinencia social, la necesidad de encontrar nuevas formas y mecanismos para adaptar las funciones universitarias a las exigencias sociales de su entorno.

Junto a la evaluación de la calidad, surge la idea de la "cultura de la evaluación": la calidad educativa necesita una "cultura de la evaluación" arraigada en la práctica de las instituciones como garantía para la mejora continua autosustentada (Kells, 1997). En este sentido, es la universidad la que debe establecer un modelo de autorregulación que la comprometa al cumplimiento de funciones, objetivos y metas orientados al mejoramiento continuo de su calidad. Se trata de generar una cultura de la evaluación en el interior de las instituciones, que sea valorada y legitimada por sus miembros, ya sea útil para la gestión o para la realización de los procesos académicos; que no se reduzca a eventos o procedimientos aislados, sino se convierta en una práctica cotidiana apropiada por los actores institucionales (Kells, 1997).

Además de definiciones sobre "cultura de la evaluación" que refieren a las prácticas de los actores y a las estructuras de gestión generadoras de procesos de reflexión crítica (Kells, 1993; Schein, 1998), existen factores que contribuyen al desarrollo de una "cultura de la evaluación". Algunos de estos factores son:

- Planes de mejora que se desprenden de la evaluación y forman parte de los planes estratégicos, los que serán nuevamente evaluados formando un círculo de mejora continua.
- Directivos comprometidos con la evaluación, impulsándola e implementado sus resultados. Los miembros de Quality Culture Project (2006) destacan la importancia del liderazgo en la implementación y mantenimiento de la "cultura de la evaluación", ya que ella es frágil y tiende a la burocratización. También Owen (2003) sostiene la necesidad de un alto compromiso y liderazgo de las autoridades en relación con los procesos de evaluación (Sedgwick, 1994).
- Conocimiento de los objetivos institucionales por parte de todos los miembros de la institución.
- Estructuras de gestión que promuevan y faciliten la evaluación (como ejemplo, las oficinas de evaluación) con autoridad e influencia, y con personal entrenado en evaluación (Owen, 2003; Quality Culture Project, 2006).
- Herramientas o sistemas de recolección de datos. Sistemas informáticos.

- Plantillas, formatos u otros instrumentos que faciliten la evaluación.

El abordaje del concepto "cultura de la evaluación" adopta una perspectiva organizacional. Se considera la "cultura de la evaluación" como un proceso continuo de reflexión y autoevaluación. Va más allá de las necesidades externas de las agencias evaluadoras o regulaciones legislativas. Compromete las acciones de los actores de la comunidad universitaria. Pone el acento en la mejora. Se constituye en una práctica participativa. Se desarrolla en una organización en donde existen valores compartidos; valores como la búsqueda de soluciones a los problemas y del mejoramiento continuo de sus prácticas.

Las reformas de los años noventa, vinculadas a los procesos de financiamiento, de eficiencia, de evaluación, de acreditación de la calidad y la propuesta de sostener relaciones más estrechas con el sector productivo, no fueron producto de un abuso de poder por parte del Estado, del mercado o de los organismos de crédito. Surgieron de un complejo proceso de negociación entre los actores universitarios y extrauniversitarios. Produjeron la redistribución del poder del Estado, ausente en las políticas públicas de educación. En las universidades, fue un control indirecto, creando organismos intermedios de amortiguación que aplicarán e incorporarán las nuevas políticas públicas de evaluación y acreditación a las prácticas universitarias.

El epicentro de las políticas en educación superior fue la evaluación y acreditación. Hubo un intenso debate en el seno de la comunidad educativa. Podemos destacar algunos analistas que asumieron posturas diferenciales. Para Díaz Barriga (1994), el pensamiento neoliberal –en el que se ha gestado la evaluación educativa– ha pretendido promover una nueva racionalidad del trabajo académico, una nueva relación entre el Estado y las instituciones universitarias, entre las autoridades universitarias y el personal académico.

Para Del Bello (1993) y Brunner (1994), las políticas de evaluación se reducen a la intervención del Estado en beneficio de la autonomía corporativa de las instituciones. Se admite un mayor grado de diferenciación de los sistemas, en beneficio de una intensa participación de los intereses privados y locales.

Desde una perspectiva netamente política, vale decir, desde un espacio social de disputa de valores y poder, Díaz Sobrinho (2003) considera que en las últimas décadas la evaluación, entendida como mecanismo de regulación y control, ha tenido un lugar central en las reformas de la educación superior encaradas desde los gobiernos. Esta perspectiva se diferencia de una mirada más completa, "distinta de un retrato momentáneo de una realidad fija". Implica una construcción colectiva de sentidos éticos, políticos y filosóficos, en una comunidad académica, en pos de un mejoramiento permanente.

La evaluación constituye un "viraje significativo en la ética social", el surgimiento de una nueva ética social que formaría el sustrato moral del Estado evaluativo (Neave, 1990). A esta nueva ética se la concibe como un rápido cambio de valores, que va aparejado a la idea de abrirse al mercado, alentar la iniciativa y el sentido empresarial, proyectar una ética competitiva entre los individuos y las instituciones (Márquez y Marquina, 1997). De este modo, el surgimiento del Estado evaluativo puede interpretarse como el producto de un reacomodamiento de las relaciones entre los gobiernos y las instituciones; implicaría un deseo de racionalizar de esas relaciones, liberarlas de regulaciones burocráticas y exponerlas a una mayor incidencia en los mercados (Mollis y Bensimon, 2000).

Del Bello (2004) sostiene, en el caso de las carreras de grado, que el "Estado evaluador" responde a la reacción de las distintas comunidades académicas, que aceptaron, con autonomía, los procesos de acreditación, elaborando estándares de evaluación y resguardando la calidad y el interés público de las carreras.

Algunos autores sostienen que la calidad, la eficiencia y la evaluación fueron producto de las políticas implementadas por los organismos internacionales. Otros, como Mignone (1992), admiten que el problema radica en la relación entre evaluación e ideología, y evaluación e intereses políticos, "pero [...] con espíritu positivo ve en la evaluación un instrumento idóneo para mejorar la calidad de la educación superior y alcanzar diversos objetivos de fundamental importancia para el progreso de las instituciones universitarias y el avance social" (citado en Márquez y Marquina, 1997).

El contrapeso indispensable de la autonomía y de la autarquía sería la evaluación de la enseñanza, de la investigación y de la gestión, sobre la calidad y pertinencia de los aspectos administrativos y financieros; una rendición de cuentas responsable (la *accountability*) ante la sociedad, y por ende, la mejor garantía de la calidad, la pertinencia, la eficiencia y la equidad de la educación proporcionada (Mignone, 1993).

En Argentina, las políticas de evaluación y acreditación se ubican, según Camou (2002), en la llamada segunda generación de reformas del Estado, entre los años 1991 y 1995, que se ocupó principalmente de las mejoras de la calidad institucional. En particular, de aquellas áreas de política que son funciones indelegables del Estado, como la educación.

La evaluación, y especialmente la acreditación, aparecieron como herramientas adecuadas para la regulación estatal del sistema de educación universitaria desde la perspectiva de la calidad de los servicios educativos. A pesar de la existencia de distintas opiniones, prevalece una coincidencia: los objetivos centrales de la evaluación y la acreditación se basan en la necesidad de controlar y mejorar la calidad de las instituciones y de las carreras, lograr una mayor transparencia del sistema y resguardar la fe pública de la calidad del conjunto del sistema de educación superior.

CAPÍTULO 2
LA EXPERIENCIA INTERNACIONAL EN EVALUACIÓN Y ACREDITACIÓN

A partir de los años ochenta, la evaluación y la acreditación han sido paulatinamente adoptadas por diversos sistemas de educación superior. Hasta entonces, las norteamericanas eran las únicas universidades con experiencia en evaluación. Allí las agencias de acreditación funcionan desde hacía más de cien años.

En Europa continental la evaluación fue adoptada en consideración del crecimiento del número de instituciones y la escasez de los recursos y como contrapartida de una mayor autonomía, mientras que en América Latina surgió a partir de la complejidad de los sistemas con la creciente participación del sector privado; en algunos países, por la ausencia de procedimientos que asegurasen la calidad educativa (Márquez y Marquina, 1997). Aunque las realidades culturales, económicas, sociales y educativas de cada país sean diferentes, hay una característica común: los Estados han tenido protagonismo en la construcción de los sistemas de evaluación y acreditación (Toribio, 1999).

El plano internacional de la reforma se basaba en la expansión y diferenciación de los sistemas de educación superior, la restricción al financiamiento público, el fracaso de las políticas de planificación centralizadas y el fortalecimiento del papel del mercado.

1. Evaluación y acreditación en la educación superior europea

Los sistemas de evaluación y acreditación han sido estudiados por varios autores (Neave, 2001; Neave y Van Vught, 1994; García de Fanelli, 1998, entre otros). La importancia asignada por el Estado a los sistemas de garantía de la calidad permitió la adopción de formas duales. Por un lado, el otorgamiento de grados académicos y, por el otro, la extensión de "grados legales", como en Bélgica, o "diplomas nacionales", como en Francia, opuestos a los "grados científicos" y a los "diplomas de universidad".

En Italia se produjo una fuerte simbiosis entre el Estado y la administración pública. El grado académico otorgado (*laurea*) constituía la herramienta para la obtención de un título universitario y la incorporación al aparato estatal. Mientras que en España las carreras conducían a títulos nacionales.

En la década de 1980, se redefinió la relación entre el Estado y las universidades. El rol estatal de supervisión se desvió hacia organismos intermedios. En los casos de Francia y Holanda surgieron agencias paraestatales con funciones cualitativas centradas en la auditoria contextual: el Comité National d'Evaluation (1986) en Francia, y el VSNU (Asociación de Universidades Holandesas) y el consejo HBO (Asociación de Centros de Educación Superior Holandesa) (1985) en Holanda.

Estas nuevas políticas de relación entre Estado y universidad a nivel nacional se desarrollan en paralelo a los procesos de coordinación y articulación europeos, cuyo principal exponente fue la Declaración de Bolonia (1999) firmada por 29 ministros de Educación Superior europeos. Su principal objetivo era el establecimiento de un espacio común de educación superior europeo tendiente a lograr los requisitos necesarios para la puesta en práctica de diplomas comparables, garantizando la calidad. Este objetivo lo desarrollaría el "Proyecto Piloto Europeo para la Evaluación de la Calidad de la Educación Superior".

Una vez avanzado el proceso de Bolonia, Europa consolidó la integración de la educación superior vía instancias de evaluación de instituciones, acreditación de programas y aseguramiento de la calidad: mediante la creación de la European Network of Quality Assurance in Higher Education (ENQA) en el año 2000, transformada en noviembre de 2004 en la European Association for Quality Assurance in Higher Education (ENQA).

Otros antecedentes, destacados por Chianacone Castro y Martínez Larrechea (2005), fueron: la evaluación internacional de ingeniería eléctrica, que inició la agencia neerlandesa e incluyó a Bélgica, Países Bajos, Suiza, Suecia y Alemania (1991-1992); el proyecto Tuning Educational Structures in Europe (mayo de 2001); la Evaluación de Calidad Transnacional de la Física (2002-2001); y la Evaluación Comparativa Internacional de Programas de Agronomía del Instituto de Evaluación Danés (EVA) en el año 2002.

Asimismo se destacan el programa piloto para el Fomento de una Cultura de Calidad en las Universidades; la Iniciativa de Calidad Conjunta, que procura compartir la descripción de elementos de licenciaturas y maestrías; el Proyecto de Evaluación Europeo Transnacional (TEEP 2002-2003), que involucró a la Agencia de Garantía de la Calidad de la Enseñanza Superior de Gran Bretaña, al Instituto de Evaluación de Dinamarca, a la Agencia para la Garantía de Calidad del sistema Universitario de Cataluña, quien elaboró una metodología europea en torno a la calidad y a la evaluación externa transnacional para tres disciplinas: Historia, Física y Veterinaria. De dicho proyecto participaron 14 instituciones de diversos países, que realizaron una autoevaluación de sus departamentos, fueron visitados externamente por pares y recibieron un informe acerca del estado de las disciplinas evaluadas, sobre la metodología y su experiencia de aplicación. Los informes de evaluación se centraron en tres ejes: el contexto, las competencias y los resultados del aprendizaje y los mecanismos de garantía de la calidad. Los criterios de evaluación, surgidos de la iniciativa conjunta, se basaron en las competencias identificadas en el Proyecto Tuning, así como los elementos de descripción aprobados en Dublín y conocidos con el nombre de "descriptores de Dublín". Los informes finales de evaluación fueron de carácter público (Harris, 2003).

Los procesos de acreditación tienen por objeto comprobar que los certificados y/o titulaciones otorgadas por las universidades cumplen los requisitos mínimos de calidad. Los niveles de calidad han sido establecidos creando estándares para cada tipo de programa.

El gobierno holandés organizó un grupo de trabajo para diseñar un proceso de acreditación. El proyecto dio origen a la creación de la Organización Nacional de Acreditación, cuyas funciones fueron la organización de la acreditación de los programas de estudio de las universidades y centros de educación superior holandeses.

En España, otros proyectos para la implementación de la evaluación y la acreditación se realizaron a través de la creación de la Agencia Nacional de Evaluación y Acreditación (ANECA). También el gobierno noruego creó el Órgano Nacional para la Calidad de la Educación, que ha iniciado la acreditación de las titulaciones de las instituciones de educación superior. Y finalmente Alemania también ha establecido un sistema de acreditación de programas.

Se puede observar que a partir de la Declaración de Bolonia, los países europeos, con distintos niveles de avance, han comenzado los cambios en educación superior a través de la evaluación y la acreditación, tendientes a establecer y garantizar la calidad de sus instituciones y conocimientos que imparten, a través de la implementación de metodologías comunes construidas a partir de las experiencias nacionales con el objetivo de lograr criterios consensuados de aplicación para todos los países de la Unión Europea. Sin embargo, el proceso de Bolonia sigue siendo discutido por los distintos países y todavía, a pesar de los importantes avances, se está consolidando.

2. Los sistemas de evaluación y acreditación en Estados Unidos y Europa

2.1. Acreditación institucional de la educación superior en Estados Unidos

Estados Unidos posee una larga tradición de aseguramiento de la calidad, primeramente a través de un sistema voluntario de acreditación autorregulado, basado en la evaluación por pares. La razón para la implementación de la acreditación fue el gran número de instituciones independientes de aprendizaje superior, sumamente protectoras de su autonomía, así como la descentralización del control sobre la educación superior.

El sistema de educación superior de Estados Unidos, con algunas muy significativas excepciones, se basa en que la educación universitaria debe contar con un resultado pragmático y que la universidad en sí misma debe contribuir al mejoramiento de la sociedad.

La acreditación institucional en Estados Unidos se realiza a través de seis organizaciones regionales no gubernamentales. Asimismo, existen alrededor de cincuenta agencias de acreditaciones especializadas o programáticas.

En la década de 1990, el gobierno federal estableció un mecanismo de reconocimiento de agencias de acreditación institucional y de programas a través de la constitución de un Comité Nacional Asesor (NACIQUI), mientras que el sector de las instituciones promovió la creación de una agencia no gubernamental, el Council for Higher Education Accreditation (CHEA), que se constituye en el nexo entre las instituciones, las agencias y el gobierno. Las agencias, para lograr ser reconocidas como agencias de acreditación, deben cumplir con determinados procedimientos y criterio establecidos por el Departamento de Educación.

La acreditación es estrictamente voluntaria y combina la autoevaluación y evaluaciones por pares. En Estados Unidos las funciones evaluativas son de dos tipos: acreditación institucional y de programas. La acreditación institucional generalmente se refiere a una institución en su totalidad, a cómo cada parte de la institución contribuye al logro de los objetivos de la propia institución, aunque no necesariamente todas con el mismo nivel de calidad. La acreditación especializada o de programas se refiere a programas, departamentos o escuelas que son parte de una institución. La unidad acreditada puede ser tan grande como un *college* o escuela dentro de una universidad, o tan pequeña como el currículum dentro de una disciplina. La mayor parte de las agencias evalúan unidades dentro de una institución que está acreditada por una de las comisiones regionales. Sin embargo, ciertas agencias también acreditan escuelas profesionales y otras instituciones especializadas o vocacionales que son independientes en su operación. Por ende, una agencia acreditadora "especializada" o "de programas" puede también funcionar como una agencia acreditadora "institucional". Adicionalmente, ciertas agencias especializadas acreditan programas educativos en ambientes no educativos tales como hospitales.

Las instituciones de educación superior suelen ser acreditadas cada diez años, y los programas, cada cinco. Si bien la participación en la acreditación es voluntaria, someterse a este proceso tiene importantes efectos. Es central para que los graduados obtengan su licencia profesional, para que los alumnos reciban ayuda económica del gobierno federal, para que los departamentos de investigación obtengan fondos federales o de otro tipo y donaciones del sector privado.

Las acreditaciones especializadas por programas suelen realizarse en estrecho contacto con asociaciones profesionales. La acreditación de las carreras está a cargo de los colegios profesionales incluidos en una la lista del Departamento de Educación. Dichos colegios son los que tienen la capacidad para habilitar el ejercicio profesional y permitir que los egresados de un programa debidamente acreditado puedan ejercer. En algunos casos, los egresados de una universidad deben rendir un examen para obtener la licencia profesional que los habilite para el ejercicio de la profesión. Para rendir el examen deben ser graduados de un programa acreditado por un colegio profesional. Es importante destacar que, en el caso de los ingenieros y de los profesores, no se exige un examen nacional, pero el aspirante debe ser graduado de un programa debidamente acreditado por el colegio profesional.

Siguiendo a Márquez y Marquina (1997), el proceso de acreditación de los programas de ingeniería debe "asegurar que los graduados de un programa acreditado están adecuadamente preparados para ingresar y continuar la práctica de la ingeniería". El nuevo documento *Criterios para acreditar programas de Ingeniería de los Estados Unidos*, que contiene los estándares para la acreditación, en la parte referida a los "criterios para acreditar los programas de nivel básico" incluye las siguientes dimensiones:

a. estudiantes;
b. objetivos educacionales del programa;
c. resultados y evaluación del programa (incluye todas las habilidades que deben poseer los egresados de Ingeniería);
d. componente profesional (especificando lo que debe incluir dicho componente);
e. profesorado;
f. instalaciones;
g. recursos institucionales y de apoyo financiero;
h. criterios del programa.

Los programas para el *nivel avanzado* deben tener "un año de estudios más allá del nivel básico y un proyecto de ingeniería o actividad de investigación que resulte en un informe que demuestre tanto el dominio del tema específico como un elevado nivel de habilidades comunicativas".[12]

2.1.1. La autoevaluación

Las autoevaluaciones son utilizadas como punto de partida para la evaluación externa por pares. Se realizan contra los estándares de acreditación. Es un proceso que demanda dos años de trabajo con un alto nivel de participación cuyo propósito es el mejoramiento de la calidad del programa. El producto elaborado por los pares evaluadores consiste en un informe que relaciona la descripción de la institución en su estado actual de desarrollo, un análisis de cómo se están realizando las prácticas y las proyecciones o planes de mejoramiento.

2.1.2. La evaluación externa

La evaluación externa se realiza a partir de la conformación de comités de pares y de visitas a las instituciones. Estos son administradores y profesores de instituciones que han logrado la acreditación de sus programas. Se utilizan como punto de partida las autoevaluaciones elaboradas por las instituciones, dado que una de las funciones de la evaluación externa es la de validar los informes de autoevaluación.

El comité escribe un informe con sus resultados. Este es considerado conjuntamente con la autoevaluación por una comisión externa compuesta por personas provenientes de instituciones acreditadas, así como otras no académicas que representan el interés público elegido para fijar la política y llevar a cabo la revisión de las visitas. Esta comisión posee dentro de sus funciones la decisión de la acreditación. Sin embargo, los informes

---

[12]   Véase disponible en línea: http.//abet.ba.md.us/EAC/spc.2000.htm.

de evaluación y los detalles de la acreditación no son públicos, a menos que la institución elija hacerlo.

2.2. La evaluación institucional en Francia

El CNE (el Comité National d'Evaluation des Établissements Publics a Caractere Scientifique, Culturel et Professionel) fue creado en 1984 por la Ley de Educación Superior francesa con el fin de examinar y evaluar la calidad de las instituciones públicas de carácter científico, cultural y profesional. Es decir, universidades, facultades y grandes instituciones.

El Comité es un ente autónomo con independencia financiera. Se compone de 17 miembros nombrados por decreto del Consejo de Ministros por cuatro años, con renovación parcial cada dos años. Los nombramientos se hacen a partir de las nominaciones de los siguientes entes: el Consejo de Estado, el Consejo Económico y Social, el Tribunal Fiscal, el Centro Nacional de Investigación Científica (CNRS).

El Comité dicta las recomendaciones que considere necesarias para mejorar la eficacia de la formación y la investigación. No se ocupa de evaluar personas, ni de acreditar carreras, ni de distribuir las subvenciones del Estado.

El CNE cuenta con un equipo técnico de aproximadamente 24 personas, dirigidas por un secretario general. Este equipo tiene a su cargo coordinar las evaluaciones en lo relativo a los *dossiers* de las instituciones, la selección de los comités de pares y los preparativos que desembocan en el informe final. Una de las tareas del CNE es redactar ese informe anual para el Presidente de la República sobre sus actividades y el estado de la educación superior y la investigación en Francia.

La evaluación de la calidad en Francia está disociada de la acreditación o la habilitación de los títulos (esta compete al Ministerio de Educación Superior). El CNE tiene como fin la evaluación de la calidad en un sentido global, desde una perspectiva de la administración de los recursos disponibles para la educación superior y la investigación. El proceso de evaluación tiene dos facetas. En primer lugar, una cuantitativa, en la cual el CNE le solicita a las instituciones a ser evaluadas que lleven a cabo autoevaluaciones basándose en una serie de indicadores establecidos. En segundo lugar, una evaluación cualitativa, basada en los informes redactados por pares a partir de entrevistas llevadas a cabo durante las visitas a la institución. Estas evaluaciones externas validan las autoevaluaciones de cada institución.

El CNE toma los indicadores cuantitativos como guías para precisar la evaluación cualitativa. Esta es la predominante y sobre la que se basan en último término sus dictámenes.

2.2.1. La autoevaluación

La evaluación interna se hace a partir de indicadores elaborados por el CNE y consultados con el Consejo de Presidentes de Universidades y otros grupos e instituciones afectadas. Estos son concebidos como instrumentos de medición, análisis y comparación. Buscan establecer un lenguaje y una interpretación común de los datos. Es muy importante para el CNE la homogeneidad que permiten estos indicadores, y que dan lugar a una interpretación estándar. El fin buscado no es establecer un *ranking* o fomentar la competencia, sino crear una base de información públicamente accesible y de interpretación no problemática.

2.2.2. La evaluación externa

La evaluación externa se hace a partir de la conformación de comités de pares y de visitas a las instituciones. Se utilizan como punto de partida las autoevaluaciones, ya que una de las funciones de la evaluación externa es validar los informes de autoevaluación.

El proceso de evaluación se encuentra estructurado por el CNE. Comienza con una solicitud de una universidad o del director de una institución al presidente del organismo evaluador. El CNE designa dos miembros para conducir el proceso. Posteriormente se envía a las instituciones cuestionarios detallados que comprenden seis rubros: a) los rasgos generales de la unidad o institución; b) la investigación; c) la enseñanza; d) la gestión y la administración; e) las relaciones externas, y f) la política general y los proyectos a futuro.

Se realiza una primera visita con el fin de conocer personalmente a los responsables de la evaluación designados por la institución. Los miembros del comité de pares/expertos se designan de acuerdo a la naturaleza de la institución a evaluar. Se intenta lograr un equilibrio geográfico e incluir docentes e investigadores de varias disciplinas y profesionales no pertenecientes al ámbito universitario. Después de estudiar la información y los documentos se lleva a cabo una visita a la institución que dura de dos a cuatro días. La evaluación se guía por los indicadores del CNE, las respuestas a los cuestionarios y la autoevaluación de la institución. Los informes elaborados por los pares son la base del informe final del CNE.

La redacción del informe final se realiza en discusiones libres a partir de encuentros con los pares y los responsables de las instituciones. El informe final es aprobado por el CNE en una reunión general. El presidente o director de la institución evaluada redacta una respuesta al informe del CNE, que es publicado como su apéndice. Las copias del informe y la respuesta del presidente o director se envían al Presidente de la República, al ministro bajo cuya tutela está la institución evaluada y finalmente se difunde en mayor grado a la comunidad científica en general, las autoridades administrativas, personalidades políticas, etc.

2.2.3. Las evaluaciones horizontales por disciplina

El CNE realiza, además de evaluaciones por institución, otras evaluaciones que revisten gran interés: las evaluaciones horizontales por disciplina o tema. Estas sirven para poder precisar el estado de cierta disciplina o área en Francia. La primera evaluación fue la de Geografía, cuyo informe fue publicado en mayo de 1989.

Para estos procesos se forman comisiones específicas que elaboran un cuestionario que luego es completado por las universidades. Se estructura en cuatro grandes capítulos:

1. La pedagogía: la organización de la enseñanza, los exámenes y la formación.
2. Los estudiantes: motivaciones, equivalencias, inserción profesional, reorientación, entre otros.
3. Los docentes investigadores: profesores y personal administrativo.
4. Cuestiones transversales.[13]

---

[13]   En el caso de la evaluación de la formación jurídica de base, se tuvieron en cuenta la importancia de la cultura jurídica común y la formación jurídica de base.

Una vez completado el cuestionario, se reúnen los expertos convocados por el CNE para realizar la evaluación a través de una visita a la institución y entrevistas con docentes, investigadores, estudiantes, profesionales –tanto franceses como extranjeros–, permitiendo generar un estado del arte de la disciplina. A través de estas evaluaciones, se logran precisar los problemas fundamentales de la enseñanza y la investigación en el área, evitando hacer clasificaciones de las instituciones con base en los resultados de la evaluación.

Posteriormente, y con la misma metodología, se realizó la evaluación de las Ciencias de la Información y Comunicación (marzo de 1993);[14] de Odontología (noviembre de 1994); de Química (1996); el tercer ciclo de la Medicina General (1998); la formación de los paramédicos (1998); el deporte en la universidad: su práctica por los estudiantes (1999); la formación superior en Matemáticas Orientadas a la Aplicación (2002), y la formación jurídica de base (2004).

Estas evaluaciones son transversales y comparativas sobre una disciplina o un tipo de información; pueden realizarse a pedido de distintos sectores u organismos de la sociedad francesa, permitiendo una perspectiva diferente de la educación superior y de la investigación que le asegura al CNE cumplir su función de evaluación de manera más completa y eficiente.

---

[14]   Las fechas que se consignan corresponden a los reportes o informes elaborados por la CNE y publicados en: https://www. cne-evaluation.fr/fr/present/som_mis.htm.

2.3. La acreditación en Holanda

El sistema de evaluación holandés de universidades y facultades lo lleva a cabo una organización compuesta por las propias universidades: la Asociación de Universidades Cooperadoras de Holanda. Periódicamente, siguiendo la forma de una autoevaluación, cada disciplina de la universidad es evaluada en todo el país por un equipo de especialistas. Esta forma de autorregulación utiliza el mecanismo de revisión por pares.

En Holanda existe la Nederlands-Vlaamse Accretitatie Organisatie (NVAO, la Organización de Acreditación Holandesa-Flamenca). La NVAO es un organismo independiente del Ministerio y no posee poder político para la toma de decisiones. Los programas de estudio son valorados por agencias de validación (Validerende en Beoordelende Instanties-VBI). Como última instancia de control, la Junta de Inspección de la Educación Superior controla el sistema de educación superior. La acreditación de programas de estudio es obligatoria para financiar y reconocer títulos y/o diplomas, así como para el acceso a financiación para los estudiantes.

La acreditación se considera una evaluación sistemática de la calidad de un programa, sobre la base de patrones predeterminados, ejecutados por una autoridad independiente. Tiene por resultado un dictamen global sobre la calidad del programa. Si la institución lo desea, puede evaluar las características especiales de un programa. Si el programa cumple con la calidad básica, será acreditado. En caso de no serlo, el ministro será aconsejado para que prive al programa de sus derechos y financiamiento. Sin embargo, el ministro se encuentra autorizado a financiar temporalmente programas no acreditados considerados de interés social.

Así, los resultados del proceso de evaluación por pares son tenidos en cuenta por el gobierno a la hora de asignar recursos, y como un poderoso sistema de cambio institucional en sentido positivo. Estos resultados también son ampliamente publicados.

2.3.1. La autoevaluación

La institución debe solicitar la acreditación enviando un informe de evaluación externo, llevado a cabo por un VBI elegido por la propia institución. A su vez, la institución puede optar por una organización internacional para valorar sus programas si conoce el marco de referencia de la NVAO.

La NVAO es quien desarrolló los protocolos de acreditación, que fueron consensuados con las instituciones y con el campo de la educación superior. Sin embargo, el ministro es el responsable de la versión final del protocolo de garantía de la calidad.

2.3.2. La evaluación externa

Los programas son evaluados por el VBI[15] que la institución elige, y dictaminan sobre la calidad de un programa. Los informes de VBI son remitidos al NVAO, quien debe tomar la decisión sobre la acreditación. Si la acreditación no es concedida, casi siempre tiene como resultado la privación de la financiación. Sin embargo, el ministro puede revocar, excepcionalmente, la decisión de la NVAO. A su vez la NVAO y el sistema de acreditación son supervisados por la Junta de Inspección por medio de una evaluación.

---

[15]   Actualmente en Holanda existen y desarrollan actividades cinco VBI.

3. Evaluación y acreditación en la educación superior latinoamericana

En la década de 1990, se instalan en América Latina los procesos de evaluación y acreditación de las instituciones y programa de educación superior. Las bases para interpretar las diferencias nacionales entre los distintos países son: las características de la cultura político-académica local; la "crisis de transición" experimentada por el Estado; el tipo de ajuste en la relación entre el Estado, la sociedad y la educación superior, a través de las políticas públicas regulatorias.

La normativa de base de la evaluación está constituida por leyes que introducen los procesos de evaluación universitaria y acreditación de carreras. En cada uno de los países de la región fue surgiendo un conjunto de instituciones y agencias intermedias, organismos "en la cúspide", mecanismos "de amortiguación", encargadas de la gestión de políticas de evaluación, acreditación y garantía de la calidad. Entre ellas, se destacan la Comisión Nacional de Evaluación y Acreditación Universitaria (CONEAU) en Argentina; la Comisión Nacional de Evaluación de la Educación Superior (CONAES) en Brasil; el Consejo Nacional de Acreditación de Pregrado (CNAP) en Chile; el Consejo Nacional de Acreditación (CNA) en Colombia; la Comisión Nacional de Evaluación de la Educación Superior (CONAEVA) en México.

Estas agencias incluyen organismos públicos y privados, descentralizados y dotados de independencia técnica. Los integran representantes de los actores sociales y políticos, como el Poder Ejecutivo, el Parlamento, las universidades públicas y privadas y el sector académico. También encontramos, con un papel menos relevante, agencias de acreditación conformadas por grupos de universidades, por lo general del sector privado.

La integración de las prácticas de evaluación y acreditación a nivel regional se articula en dos niveles: a través del MERCOSUR y también con los espacios académicos representados por asociaciones regionales de universidades, como la Asociación de Universidades de América Latina (UDUAL) o la Asociación de Universidades Grupo de Montevideo (AUGM) (Chianacone Castro y Martínez Larrechea, 2005).

En la mayoría de los países de América Latina, el marco para el proceso de evaluación es de diagnóstico o autoevaluación. Pares académicos o instituciones equivalentes son utilizados para la evaluación externa. La evaluación se lleva a cabo periódicamente con el fin de crear un patrón de continuidad, y tiene como objeto el grado, posgrado y el conjunto de la institución. Los principales objetivos del proceso consisten en mejorar la institución, unidad o programa evaluado.

Además de los procesos de integración a nivel regional en América Latina, se ha producido la construcción de redes, la RIACES: Red Iberoamericana para la Acreditación de la Calidad de la Educación Superior. La RIACES se constituyó en el año 2003 y está integrada por agencias de acreditaciones nacionales y regionales, y por organismos de gobierno responsables de las políticas de calidad. Si bien su principal objetivo es la calidad, servirá como base para promover otras instancias de acuerdo e integración. Además, encontramos el Consejo Centroamericano de Acreditación. Creado también en el año 2003, este organismo regional tiene como objetivo impulsar el mejoramiento de la calidad, la pertinencia y la integración de la educación superior centroamericana y brindar apoyo para la creación de agencias nacionales o regionales de acreditación. Su función principal es conceder la acreditación y el reconocimiento regional a los organismos de acreditación que operen en cada país o en la región centroamericana (Villanueva, 2007).

Finalmente cabe reiterar la importancia del Espacio Común de Educación Superior Unión Europea-América Latina y el Caribe (UEALC) y la iniciativa compartida entre instituciones de ambas regiones a través del Sistema de Evaluación de la Calidad de la Ingeniería (SECAI), que procuró ofrecer una metodología rigurosa para el diagnóstico de la calidad de la enseñanza.

América Latina transita la construcción de modelos nacionales de mejoramiento y aseguramiento de la calidad a sistemas de coordinación regionales y trasnacionales. La evaluación, la acreditación, la movilidad de los estudiantes, la internalización, la vinculación entre universidad y empresa, entre otras, son las dimensiones sustantivas de estas nuevas prácticas que se encuentran en un proceso de configuración aún incompleto.

4. Los sistemas de evaluación y acreditación en América Latina

4.1. La evaluación institucional en Brasil

En Brasil existía un sistema de acreditación de los posgrados que databa del año 1977, a cargo de la Fundação Coordenação de Aperfeiçoamento de Pessoal de Nível Superior (CAPES). En 1993 se crea el Programa de Evaluación Institucional de las Universidades Brasileñas (PAIUB), como instancia para la evaluación y acreditación. El programa promovía un mayor control del Estado hacia las universidades.

En el año 2004 se implementa la nueva ley de educación que crea el Sistema Nacional de Evaluación de la Educación Superior (SINAES), con el objetivo de articular los procesos de evaluación y acreditación y, a su vez, ampliar la cobertura en lo que hace al mejoramiento de la calidad en un sistema de educación muy grande y complejo.

El SINAES está integrado por la Comisión Nacional de Evaluación de la Educación Superior (CONAES), la cual coordina y orienta sus actividades; por el Instituto Nacional de Estudios e Investigación de Educación (INEP); por la CAPES, y por las propias instituciones, tanto públicas como privadas, federales o estatales.

El SINAES trabaja sobre tres ejes: la evaluación de las instituciones, de las carreras y de los estudiantes. La evaluación institucional puede sintetizarse en cuatro aspectos fundamentales: la toma de conciencia sobre la institución, el carácter instrumental de la evaluación, dirigido a la instrumentalización de los tomadores de decisiones, el carácter formativo y de perfeccionamiento individual e institucional y la participación colectiva en todo el proceso evaluativo (Ristoff, 2003). La evaluación institucional abarca dos procesos: la autoevaluación y la evaluación externa; siendo su eje la construcción de una cultura de evaluación.[16]

---

[16]   Los indicadores propuestos para la evaluación institucional son los siguientes: 1) proyecto institucional; 2) características de los profesores; 3) características de los alumnos; 4) características de los administrativos y técnicos; 5) currículos y programas; 6) producción académica y científica; 7) actividades de extensión

4.1.1. La autoevaluación

La autoevaluación es realizada participativamente por actores de las propias universidades. Es llevada adelante por una Comisión Propia de Evaluación (CPA) creada en cada institución con representación de los distintos actores institucionales. Su misión es conducir la participación en los procesos. Se pretende que el autoconocimiento de la propia institución se exprese en modificaciones que la beneficien y que sean producto del análisis y la participación de la comunidad académica, facilitando los cambios y el mejoramiento.

4.1.2. La evaluación externa

La evaluación externa es un proceso "inter pares" realizado por profesores de otras instituciones, seleccionados y capacitados para tal fin con el objetivo de contrastar las informaciones de la autoevaluación. Los profesores realizan una visita in situ, tienen entrevistas y analizan los documentos generados por la institución. El resultado es un informe en donde se divulgan informaciones cualitativas y descriptivas de los principales aspectos de la institución.

4.2. La evaluación institucional y la acreditación en México

La evaluación institucional se inició en México a principio de los años 1990 y se la definió como el eje central de la reforma. Para su aplicación y puesta en marcha, se creó, en el año 1989, la Comisión Nacional de Evaluación (CONAEVA), que coordinaría los procesos de

---

e intervención social, vinculación con la sociedad; 8) Infraestructura; 9) gestión, y 10) otros.

evaluación. La CONAEVA la integraban representantes del gobierno y de las universidades.

La CONAEVA inicialmente desarrolló dos tipos de actividades de evaluación: la institucional (autoevaluación institucional) y la del sistema (metaevaluación). Asimismo surgió un programa de evaluación y estímulo al desempeño individual de los académicos, denominado Carrera de Desarrollo del Personal Académico. Finalmente, a través del Centro Nacional de Evaluación (CENEVAL), se elaboraron los estándares para los exámenes de ingreso nacionales y para los egresados.

En cuanto a la acreditación, se establecieron los Comités Interinstitucionales para la Evaluación de la Educación Superior (CIEES), que se centraron en la evaluación diagnóstica de funciones institucionales y programas por áreas del conocimiento. Asimismo, los CIEES impulsaron la creación de organismos especializados para la acreditación de programas académicos, entre ellos se destacan el Consejo de Acreditación para la Enseñanza de Ingeniería (CACEI) y el Consejo Nacional de Educación de la Medicina Veterinaria y Zootecnia (CONEVET). Dichos Consejos son asociaciones civiles en las que participan los representantes de las respectivas profesiones.

También algunas asociaciones de escuelas y facultades han planteado un sistema de acreditación de los programas correspondientes. Se trata de una "acreditación entre escuelas o facultades". Entre ellas, predominan: Medicina (AMFEM), Odontología (FMEO), Educación Agrícola (AMEAS) y Contaduría y Administración (ANFECA).

Se destaca la ausencia de un organismo coordinador, que vincule a todas las instancias evaluadoras y acreditadoras ante la amplitud de los campos que se están abarcando. También se observa que se han desarrollado programas separados para evaluar, por un lado, los establecimientos, y por el otro, los centros e instituciones de investigación y posgrado, muchos de los cuales forman parte de las universidades. Hasta el momento, existe un mayor desarrollo de la evaluación de las instituciones que por áreas del conocimiento.

4.2.1. La autoevaluación

La autoevaluación institucional consiste en un formato elaborado por la CONAEVA que contempla varios indicadores sobre el funcionamiento de la universidad en su conjunto. Es enviado a la universidad para ser contestado y sus resultados son remitidos a la CONAEVA y a la Subsecretaría de Educación Superior e Investigación Científica (SESIC).

4.2.2. La metaevaluación

La metaevaluación contempla evaluaciones del sistema por expertos externos y la elaboración de informes por la CONAEVA o grupos especiales a partir de los reportes de autoevaluación institucional.

5. La evaluación institucional y la acreditación en Argentina

5.1. La Comisión Nacional de Evaluación y Acreditación Universitaria

La Comisión Nacional de Evaluación y Acreditación Universitaria (CONEAU) es un organismo descentralizado que funciona en jurisdicción del Ministerio de

Educación (ME). La CONEAU está integrada por doce miembros de reconocida jerarquía académica y científica, con experiencia en gestión universitaria. Ejercen sus funciones a título personal, con independencia de criterio y sin asumir la representación de ninguna institución. Los miembros de la CONEAU son designados por el Poder Ejecutivo nacional a propuesta de los siguientes organismos:

- tres por el Consejo Interuniversitario Nacional;
- uno por el Consejo de Rectores de Universidades Privadas;
- uno por la Academia Nacional de Educación;
- tres por el Senado de la Nación;
- tres por la Cámara de Diputados de la Nación;
- uno por el Ministerio de Educación de la Nación.

Los miembros de la CONEAU son designados por cuatro años, con renovación parcial cada dos. Su presidencia y vicepresidencia son ejercidas por dos de sus miembros elegidos por mayoría durante un año.

La CONEAU es el único organismo público nacional de evaluación y acreditación universitaria. Sin embargo, la Ley de Educación Superior (LES) autoriza la creación de *entidades privadas de evaluación y acreditación* (EPEAU), reconocidas por el ME previo dictamen de la CONEAU. Las entidades privadas pueden cumplir funciones similares a la CONEAU, excepto en lo que respecta a los dictámenes requeridos para la puesta en marcha de universidades nacionales, el reconocimiento de instituciones universitarias provinciales o la autorización de instituciones universitarias privadas.

La CONEAU tiene mandato legal para realizar las siguientes acciones, agrupadas en cuatro títulos principales: evaluación institucional, evaluación de proyectos institucionales (nuevas instituciones universitarias), acreditación de grado y acreditación de posgrado.

5.1.1. La evaluación institucional

Según la CONEAU, "la evaluación institucional supone un proceso complejo para determinar el valor de algo, que implica una delicada tarea de interpretación de un conjunto de elementos que interactúan configurando una realidad particular y significativa [...]. Una evaluación, asimismo, no son los 'datos', aunque estos sean indispensables, sino el proceso por el que se aprecia y discierne el valor de las acciones y realizaciones; un proceso profundamente humano que se nutre y se articula en el diálogo, la discusión y la reflexión".

La evaluación institucional debería ser útil a la propia universidad evaluada y a la comunidad en general. Efectivamente, se trata de mejorar la calidad de la institución interrogándose sobre los resultados, y especialmente sobre las acciones, identificando problemas y comprendiéndolos en su contexto.

La evaluación institucional contemplaría el contexto actual y la historia de la institución. Permitiría una adecuada relación entre lo particular (unidades académicas) y lo global (la universidad), sin perder de vista que su objetivo es la institución en su conjunto y entendiendo que ella tiene una identidad que no se conforma como la suma de sus partes. Asumiría la diversidad como punto de partida y como orientación principal, no solo entre universidades, sino también hacia su interior. Y aportaría información para comprender la realidad institucional, así como para formular propuestas de mejora, cambio o conservación.

En síntesis, la evaluación institucional sería una herramienta de transformación de las universidades y de la práctica educativa; un proceso con carácter constructivo, participativo y consensuado; una práctica permanente y sistemática que permite detectar los nudos problemáticos y los aspectos positivos. Ello implica la reflexión sobre la propia tarea como una actividad contextualizada que considera tanto los aspectos cualitativos como los cuantitativos; con un alcance que abarca los *insumos, los procesos, los productos* y *el impacto* que tienen en la sociedad; una tarea fundamental para el gobierno y la gestión administrativa y académica y, en definitiva, una plataforma para el planeamiento institucional (Lineamientos para la Evaluación Institucional, CONEAU, 1997).

5.1.2. Autoevaluación y evaluación externa

La evaluación institucional contempla dos fases: la autoevaluación y la evaluación externa, cada una de ellas con diferentes actores.

El informe de autoevaluación consiste es una presentación cuantitativa y cualitativa donde se exponen las actividades, la organización y el funcionamiento de la institución, así como sus objetivos, políticas y estrategias. Constituye un análisis de los procesos y de los resultados, así como también una apreciación sobre su realidad actual a partir de su *sociogénesis*. Se desarrolla sobre una lógica emergente de la institución, de su proyecto institucional. La realizan los propios protagonistas de la institución.

Para que la autoevaluación cumpla su objetivo de tender a una mejora de la calidad, es imprescindible que

- cuente con un alto grado de participación;
- adopte una perspectiva contextual e histórica referida a sus objetivos y al proyecto;

- cubra todas las funciones que desempeña la institución;
- enfoque a la institución como un todo y no como la mera suma de sus partes;
- posibilite a los lectores del informe de autoevaluación alcanzar una imagen documentada de la institución.

En la evaluación externa se aprecia la organización y el funcionamiento de la institución, se observa la trama de su desarrollo, se valoran los procesos y los resultados y se recomiendan cursos de acción. La realizan pares académicos que no pertenecen a la institución evaluada, sobre la base de su proyecto institucional y a partir de la autoevaluación.

Las evaluaciones externas evalúan las funciones de docencia, investigación y extensión. En el caso de instituciones nacionales, también la gestión. Deberán realizarse como mínimo cada seis años y producir recomendaciones para el mejoramiento de las instituciones cuyo carácter es público (Lineamientos para la Evaluación Institucional, CONEAU, 1997).

La CONEAU, hasta diciembre de 2011, había realizado 80 evaluaciones externas, 39 de universidades nacionales y 41 de universidades privadas. Asimismo, se encuentran en procesos de evaluación seis instituciones, de las cuales tres son nacionales y tres son de carácter privado. Entre las tres nacionales, se encuentran dos que están transitando segundos procesos de evaluación institucional.

5.1.3. La acreditación de las carreras de grado

La CONEAU tiene entre sus funciones la acreditación periódica de las carreras de grado cuyos títulos corresponden a profesiones reguladas por el Estado y cuyo ejercicio pudiera comprometer el interés público poniendo en riesgo de modo directo la salud, la seguridad, los derechos, los bienes o la formación de los habitantes. El Ministerio de Educación determina, en acuerdo con el Consejo de Universidades, la nómina de títulos que afectan el interés público y que, por lo tanto, están sujetos a los procesos de acreditación. También establece las actividades reservadas al título, la carga horaria mínima, los contenidos curriculares básicos, la intensidad en la formación práctica y los estándares de acreditación.

Hasta mayo de 2011, los títulos incluidos en dicha nómina son los de Medicina, 21 especialidades de Ingeniería,[17] Agronomía, Veterinaria, Farmacia, Bioquímica, Arquitectura, Geología, Odontología, Psicología, profesorados universitarios, Ciencias Económicas y Derecho. En cuanto a las resoluciones que establecen los parámetros de acreditación, se dictaron las correspondientes a las carreras de Medicina, 21 especialidades de Ingeniería, Agronomía, Farmacia y Bioquímica, Arquitectura, Veterinaria, Odontología, Geología y Psicología. El dictado de estas resoluciones

---

[17]   Los títulos son los siguientes: Ingeniero Aeronáutico, Ingeniero en Alimentos, Ingeniero Ambiental, Ingeniero Civil, Ingeniero Electricista, Ingeniero Electromecánico, Ingeniero Electrónico, Ingeniero en Materiales, Ingeniero Mecánico, Ingeniero en Minas, Ingeniero Nuclear, Ingeniero en Petróleo, Ingeniero Químico, Ingeniero Hidráulico, Ingeniero en Recursos Hídricos. Con posterioridad se incluyeron el de Ingeniero Industrial y el de Ingeniero en Agrimensura, de Ingeniería Metalúrgica, Ingeniería Biomédica o Bioingeniería Ingeniero en Telecomunicaciones y recientemente Ingeniería en Informática.

marca el ritmo de incorporación de carreras a los procesos de acreditación.

Una vez dictadas las resoluciones ministeriales, la CONEAU convoca las carreras de la disciplina en cuestión. La evaluación para la acreditación es realizada por comités de pares formados por expertos de destacada trayectoria académica y profesional, e incluye una visita a las sedes de las carreras.

La labor de los comités concluye con un dictamen debidamente fundado de acreditación, o no, de la carrera. En los casos en que lo consideren necesario, pueden requerir a la institución la elaboración de planes de mejoramiento cuya implementación permitirá que la carrera alcance, en un plazo razonable y determinado, los estándares de calidad fijados. En estos casos, la acreditación se otorga por un plazo de tres años.

Cumplido ese tiempo, se realizan segundas evaluaciones de las carreras acreditadas en estas condiciones. Si la carrera satisface lo establecido por la resolución ministerial correspondiente, la acreditación se otorga por seis años. Si así fuera, pero la carrera no ha completado un ciclo completo de dictado, la acreditación se otorga por tres años.

Es importante destacar que la existencia del Decreto Reglamentario 499/96 impone la acreditación como condición necesaria para otorgar la validez al título y establece una periodicidad de seis años para la realización de los procesos de acreditación.

A partir de la acreditación de las carreras de Ingeniería, la CONEAU incorporó al proceso una prueba denominada Análisis de Contenidos y Competencias que los Estudiantes Disponen Efectivamente (ACCEDE), cuyo objetivo es aportar información de resultados sobre los estándares de formación previstos en las respectivas resoluciones ministeriales. Hasta la fecha, participaron en esta prueba 2.167 estudiantes de los 13 títulos de Ingeniería, cuya evaluación comenzó en el año 2002 (el 42% de aquellos que estaban en condiciones de hacerlo) y 573 estudiantes de Ingeniería Industrial y Agrimensura (el 37% del total en condiciones de rendir). En el diseño y la corrección de las pruebas, intervinieron 267 expertos de las diferentes especialidades involucradas.

El proceso de acreditación se desarrolla en dos etapas: una autoevaluación y una evaluación externa por pares.

Los procesos de autoevaluación consisten en la recolección, producción y sistematización de la información y de la sensibilización de la comunidad académica, ya que son procesos en los que se fomenta la participación de directivos, docentes, alumnos, graduados y otros actores. Luego se analizan las condiciones en que se desarrolla la carrera y sus resultados, con el objetivo de formular juicios a través de los cuales la comunidad académica elaborará una interpretación con perspectiva histórica y contextualizada acerca de su realidad educacional y científica.

Por último, sobre la base de la conciencia adquirida acerca de déficit, los objetivos pendientes y las eventuales metas de desarrollo, las carreras deberán poder enunciar una agenda de problemas, definida por la comunidad que integra la carrera, y proponer un plan de mejoramiento y las acciones para superarlos. Durante el período de autoevaluación, la CONEAU aplica la prueba ACCEDE.

El producto de esta etapa es un Informe de Autoevaluación que incluye un análisis pormenorizado de las condiciones en que se desarrolla la carrera y sus resultados. También incluye, si fuese necesario, la formulación de planes de mejoramiento que permitan alcanzar a futuro una realidad académica compatible con los criterios de calidad establecidos por la resolución ministerial.

La segunda etapa es el proceso de evaluación externa llevada adelante por un comité de pares. En ellos recae la responsabilidad del análisis experto y se realiza a través del informe de autoevaluación, los resultados del ACCEDE y la visita a la sede de la carrera, que permite determinar el grado de ajuste de una carrera al perfil de calidad. Para la conformación de estos comités, se tiene en cuenta la diversidad de las carreras a analizar y una trayectoria profesional y docente calificada.

Los comités de pares realizarán una evaluación sobre la realidad de la carrera, sobre su autoevaluación, la formulación de problemas de planes de mejoramiento a partir de la construcción de juicios evaluativos. Con base en esa evaluación, los pares recomendarán la acreditación por el período que corresponda, la postergación del dictamen –con formulación de requerimientos– o la no acreditación (con o sin aplicación del artículo 76 de la Ley 24521[18]).

En el año 2002 se inició la acreditación de trece especialidades de Ingeniería (243 carreras) y otras dos

---

[18]   El artículo 76 expresa: "Cuando una carrera que requiera acreditación no la obtuviere, por no reunir los requisitos y estándares mínimos previamente establecidos, la CONEAU podrá recomendar que se suspenda la inscripción de nuevos alumnos en la misma, hasta que se subsanen las deficiencias encontradas, debiéndose resguardar los derechos de los alumnos ya inscriptos que se encontraren cursando dicha carrera".

(Industrial y Agrimensura) en 2004, tarea que concluyó en el año 2005. En noviembre de 2006, comenzó la segunda fase de acreditación de carreras de grado de Ingeniería que han sido acreditadas por tres años y cuyo vencimiento se produjo entre noviembre y diciembre de 2006. Ahí se realizó una nueva convocatoria para todas las carreras no acreditadas en el marco de la misma resolución. En el año 2008, se realizó la tercera convocatoria de carreras de Ingeniería comprendidas en la segunda fase del proceso de acreditación cuyo período de tres años expiraba durante 2008, y de las carreras de Ingeniería no acreditadas o con acreditación provisoria.

La CONEAU, en el marco de los artículos 43 y 44 de la Ley de Educación Superior, ha realizado hasta el año 2008 la acreditación de 378 carreras de Ingeniería en las áreas de aeronáutica, alimentos, civil, electrónica, eléctrica, materiales, mecánica, minas, nuclear, petróleo, química, agronómica, industrial, agrimensura, metalúrgica y biomédica o bioingeniería. Asimismo se encuentran en proceso de evaluación 33 carreras de Ingeniería.

Entre los años 2009 y 2010, la CONEAU convocó a las carreras de Ingeniería cuya solicitud de acreditación habían sido denegadas y a aquellas con acreditación provisoria. Asimismo, a las Ingenierías acreditadas por tres años, ya que deberían someterse a una segunda fase. De un total de 192 carreras, se extendió la acreditación por tres años a 191 y no acreditó una.

También se convocaron a un nuevo ciclo, y posteriormente a la segunda fase, a las carreras de Ingeniería cuyo período de acreditación de seis o tres años expiraba durante el año 2009. Se presentaron 39 carreras, de las cuales 18 acreditaron por 6 años; 16, por 3 años; y 5 aún se encuentran en evaluación.

A partir de la aprobación de los estándares, en el año 2010 se convocó a la primera acreditación obligatoria de las carreras de Ingeniería en Informática. La presentación incluyó a 114 carreras de las cuales 13 acreditaron por 6 años; 31, por 3 años; 15 no acreditaron y 55 continúan en proceso de evaluación.

5.1.4. Acreditación regional

La CONEAU participa en el Mecanismo Experimental de Acreditación (MEXA) que acreditan conjuntamente carreras de grado en los países del MERCOSUR, Bolivia y Chile. La implementación del MEXA fue decidida en la XXII Reunión de Ministros de Educación de los países del MERCOSUR, Bolivia y Chile, celebrada en Buenos Aires el 14 de julio de 2002, en la cual se aprobó el Memorándum de Entendimiento que establece los principios y normas regulatorias del MEXA.

En la acreditación MEXA, las agencias nacionales, como la CONEAU, conducen el proceso de acreditación en sus respectivos países. Ella se realiza de acuerdo con parámetros de calidad comunes, previamente definidos para el MERCOSUR en el documento *Dimensiones, componentes, criterios e indicadores*. Los comités de pares evaluadores deben estar constituidos por al menos tres integrantes e incluir al menos dos representantes de los Estados parte o asociados al MERCOSUR, distintos del país al que pertenece la carrera.

La reunión de ministros estableció que el mecanismo experimental comprendiera a las carreras de Agronomía, Ingeniería y Medicina. A fines del año 2004, se realizó la acreditación MEXA de carreras de Ingeniería, la cual incluyó seis carreras: Ingeniería Química de la Universidad Nacional del Litoral y de la Universidad Nacional de Río Cuarto; Ingeniería Industrial del Instituto Tecnológico de Buenos Aires y de la Universidad Nacional de Cuyo; e Ingeniería Electrónica de la Universidad Nacional de La Plata y de la Universidad Tecnológica Nacional, Facultad Regional Córdoba.

Como parte de la Red de Agencias Nacionales de Acreditación del MERCOSUR (RANA), la CONEAU gestiona los procesos de acreditación que se realizan en el Sistema de Acreditación Regional de Carreras Universitarias para el MERCOSUR (Sistema ARCU-SUR), de acuerdo con los criterios de calidad y los procedimientos que se establecen en dicho ámbito supranacional.

En uso de la atribución de las agencias nacionales para fijar la modalidad de participación en cada convocatoria a un proceso regional de acreditación, la CONEAU establece una metodología con los criterios de elegibilidad que se aplican a las carreras de instituciones universitarias. Dicha metodología procura compatibilizar los procesos nacionales de acreditación con los regionales, a fin de evitar a las instituciones repetir evaluaciones.

En el área de Ingeniería se presentaron a convocatorias, según el cronograma de titulaciones a acreditar en el marco del Sistema ARCU-SUR definido para el período 2008-2011, 19 carreras de grado, 18 de gestión pública y 1 de gestión privada, de las cuales 1 de gestión pública acreditó y 18 se encuentran en proceso de acreditación, siendo 17 públicas y 1 privada (Memoria 1996-2011, CONEAU, 2012).

6. A modo de conclusiones

En el ámbito de los diferentes países abordados en el trabajo podemos distinguir similitudes y diferencias con respecto a Argentina. El sistema que adoptó Argentina con relación a la evaluación institucional fue inspirado en el modelo francés: son similares en el tipo de organismo de aplicación y en sus prácticas y funciones, ya que el sistema francés no contempla los procesos de acreditación de las carreras de grado y posgrado.

Las diferencias son respecto al tipo de autoevaluación. En el caso francés, el proceso de evaluación es estructurado a partir de una serie de indicadores elaborados por el Comité Nacional d' Evaluation des Établissements Publics a Caractere Scientifique, Culturel et Professionel (CNE), junto con el Consejo de Presidentes de Universidades y otros grupos afectados. Igualmente, la autoevaluación es producto de un cuestionario detallado preparado por el equipo técnico del CNE.

En el caso de Argentina, si bien existen lineamientos generales y un relativo consenso sobre los indicadores, la autoevaluación no es estructurada. Su elaboración depende de los equipos o comisiones que se organizan en el interior de las instituciones.

En cuanto a las propuestas de mejoras, ninguno de los dos países contaba con políticas de financiamiento. Posteriormente Francia y luego Argentina implementaron un sistema denominado contratos-programa, que accede a fondos para las propuestas de mejoramiento. En Argentina, fue el Ministerio de Educación, Ciencia y Tecnología quien impulsó, el año 2005, la implementación de esta política de contratos-programa. Utilizaba como diagnóstico las evaluaciones y financiaba los proyectos de las universidades.[19] No obstante, los alti-bajos financieros impidieron continuar dicha política.

El modelo norteamericano se basa en la acreditación de programas e instituciones. Se diferencia del argentino en el tipo de organismo que aplica las prácticas. A diferencia del sistema argentino, allí las acreditaciones son voluntarias. Sin embargo, las ventajas de contar con programas o instituciones acreditadas las tornan, en la práctica, casi "obligatorias". Estos beneficios son la ayuda económica para los alumnos, la asignación de fondos para los departamentos de investigación y las donaciones del sector privado.

En cuanto a los procesos técnicos, las diferencias con Estados Unidos se observan en las prácticas de autoevaluación institucional, ya que las norteamericanas se realizan contra estándares. Las semejanzas se encuentran en los procesos de acreditación de las carreras de grado y posgrado. En cuanto a la evaluación externa, en ambos países se realiza a través de la conformación de comités de pares y de visitas a las instituciones. A diferencia de Argentina, en Estados Unidos los informes finales no son públicos.

El modelo holandés presenta importantes diferencias con el argentino. En Holanda solo se realiza la acreditación de programas. El organismo de aplicación es independiente del Ministerio y no tiene poder político para la toma de decisiones. Las instituciones elaboran informes de acreditación con protocolos desarrollados por el organismo de aplicación en colaboración con el

---

[19]   Esta política se implementó en carácter de experiencia piloto primero en tres universidades que habían realizado ya dos evaluaciones (Universidades Nacionales de Cuyo, del Sur y de la Patagonia Austral).

campo de la educación superior. Los programas son evaluados no por pares, sino por agencias de validación o por una organización internacional. Dichas agencias elaboran un informe que es elevado al organismo de aplicación, quien decide la acreditación. Es importante destacar que los programas que no son acreditados pierden el acceso al financiamiento. Esta situación solo puede ser revertida por el ministro en caso de considerar al programa de interés social.

Respecto a los países latinoamericanos, existe una similitud en cuanto a los organismos de aplicación tanto en Brasil como en México, aunque en México se observa una amplia gama de instituciones que combinan distintas actividades. En relación con los procesos, existen similitudes en su ejecución. En ambos países se desarrollan procesos de autoevaluación y evaluación externa a través de pares. En Brasil y Argentina se realiza una visita a la institución. A diferencia de Argentina, tanto en Brasil como en México la autoevaluación es estructurada y responde a indicadores elaborados por el organismo de evaluación. En ambos países el proceso de evaluación permite el acceso al financiamiento y, en el caso de Brasil, al reconocimiento de instituciones.

Podemos observar una nueva matriz en los procesos de evaluación y acreditación con sus particularidades históricas y con las características propias de los distintos países y regiones. Entre las décadas de 1980 y 1990, se producen globalmente procesos de modificación en la relación entre el Estado y las universidades. Las evaluaciones estaban autorreguladas por las instituciones, comunidades académicas o profesionales. Luego viraron hacia un mayor control gubernamental.

También los propósitos de la evaluación y sus efectos han sido modificados en la medida en que los nuevos sistemas de evaluación y acreditación tendían de una orientación al mejoramiento hacia procesos cuyo fin primordial es el control de calidad mínima. Pasan de voluntarios a obligatorios. Los efectos de los resultados, dirigidos inicialmente a la mejora, se tornan en efectos de tipo punitivo o determinantes para la autorización, reconocimiento oficial o financiamiento (Marquina, 2005).

Otra coincidencia que se observa es la unificación de los procesos de evaluación y acreditación. En general, los procesos se componen de las siguientes etapas: una autoevaluación de la institución, una evaluación externa realizada por pares, un informe de evaluación y un dictamen final de la agencia.

También se observaron particularidades vinculadas con los fines. Con vistas al mejoramiento, la autoevaluación y su informe resultante son valorados como base para la evaluación externa. En esos casos, se evidencia una mayor atención a la preparación de las visitas, así como un papel relevante de las recomendaciones en los informes finales. En contraposición, cuando el fin es el control de la calidad, se ha observado una mayor delegación de la responsabilidad a los pares evaluadores en la decisión final de la acreditación, ya sea a través de una recomendación puntual a la agencia, o bien a través de escalas o calificaciones predeterminadas.

Finalmente, deberíamos dar cuenta de un fenómeno expandido a nivel internacional y que podría modificar la forma en que se han concebido, hasta el momento, las políticas públicas de evaluación y de acreditación: los rankings.

Si bien la elaboración de rankings de universidades tiene una importante tradición en los países anglosajones, se observan tendencias internacionales en elaboración de dichos rankings que determinarían cuáles son las mejores universidades del mundo. Podemos destacar el que realiza la Universidad Jiao Tong de Shangai (China). Releva universidades de los cinco continentes sobre la base de criterios como los reconocimientos académicos de sus investigadores y docentes, los premios Nobel, el número de artículos científicos publicados, las veces que otras universidades citan a sus profesores y la cantidad de alumnos.

La prestigiosa publicación londinense *The Economist* elabora anualmente un ranking mundial de *MBA full time* que clasifica los mejores posgrados en todo el mundo. También en el periódico *The Wall Street Journal* se puede acceder a su clasificación anual de escuelas de negocios. El grupo Scimago, de la Universidad de Granada, ha desarrollado el generador de rankings RI3, que permite la clasificación de instituciones iberoamericanas de investigación. El *Financial Times* publica anualmente un ranking de escuelas de negocios en el que selecciona los mejores programas de posgrado en este ámbito.

En el último ranking realizado por la Universidad Jiao Tong de Shangai, solo figuraba la Universidad Autónoma de México como representante latinoamericano. Si bien en Argentina no se realizan ranking de universidades, la acreditación de grados y posgrados produce una estratificación del sistema. En el caso de los posgrados, se observa en el resultado: acredita o no acredita; y luego en la calificación que reciben los acreditados: A (excelente), B (muy bueno) y C (bueno). También las carreras de grado se estratifican a partir del resultado: acreditan o no acreditan.

En los próximos capítulos se desarrollará la evolución de la universidad argentina y, particularmente, de los procesos asociados a la conformación del Sistema de Educación Superior a partir de las políticas desarrolladas en la década de 1990.

CAPÍTULO 3
EL DESARROLLO DE LA UNIVERSIDAD ARGENTINA

1. La colonia

La universidad argentina surge vinculada a los intereses de la colonia. En 1623, los jesuitas crean la Universidad de Córdoba con las características propias de las universidades coloniales: como un hecho administrativo, con escasos recursos y estudios dirigidos fundamentalmente a la formación de sacerdotes.

La Universidad de Córdoba formaba parte del conjunto de universidades que dependían de la orden de los jesuitas en América Latina, enmarcada en el proyecto de contrarrefoma de la Iglesia católica frente a los avances del protestantismo y a la modernización económica y social que se producía en Europa.

En 1767, los jesuitas fueron expulsados de la Corona española. En Córdoba, la universidad pasó a reconocer como autoridad al gobernador de Buenos Aires y al virrey, quien fue designado vicepatrono de la institución. Una larga disputa entre el clero secular y los franciscanos por el control de la universidad culminó con su refundación. En enero de 1808, comenzó a funcionar con el nombre de Real Universidad de San Carlos y de Nuestra Señora del Montserrat. Si bien inicialmente la universidad estuvo destinada a la formación de clérigos, ya en 1781 se empezaron a otorgar títulos de doctor a laicos, y entre 1791 y 1793 se organizó la enseñanza del derecho civil, para formar elite ilustrada que ocuparía espacios en la burocracia colonial, y posteriormente, en el nuevo Estado generado después de la independencia (Del Bello *et al.*, 2007).

En 1854, dada la escasez de recursos, la Universidad de Córdoba fue transferida a la Nación. En 1864 se producen significativas modificaciones: se elimina la Facultad de Teología; se renuevan los estudios de Derecho;[20] en 1871 se crea la Facultad de Ciencias Físico-Matemáticas; en 1877, la de Ciencias Médicas, y posteriormente, la de Filosofía y Humanidades. Es aquí donde comienza a esbozarse la universidad argentina de perfil profesionalista para la formación de médicos y abogados que requería la sociedad para su desarrollo.

La Universidad de Buenos Aires se crea en 1821, lejos del modelo colonial, enraizada en la realidad económica y social de la región. En realidad, la Universidad de Buenos Aires fue la agrupación de instituciones ya existentes, como el Protomedicato, la Academia de Jurisprudencia, etc. Los conocimientos que se impartían eran: Primeras Letras, Estudios Preparatorios, Ciencias Exactas, Medicina, Jurisprudencia y Ciencias Sagradas.

Es necesario destacar que la Universidad de Buenos Aires dependía financieramente del Estado. El gobierno de Juan Manuel de Rosas (1829-1852) le exigió una adhesión al régimen que la universidad rechazó. Esta falta de acercamiento implicó que en el año 1838 fuera privada de su presupuesto. Recién en 1852, con la caída de Rosas, le fue devuelta la subvención.

En 1861, Juan María Gutiérrez se hizo cargo del rectorado. Por más de 12 años impulsó reformas significativas

---

[20]   Se reemplaza la enseñanza del Derecho Natural por el Derecho Civil Argentino.

y modernizadoras tendientes a emancipar la universidad de la tutela del Estado.

2. La Generación del Ochenta

En 1880 se nacionaliza la Universidad de Buenos Aires. Los principios de autonomía y la misión hacia el desarrollo cultural y científico se fueron inclinando hacia una universidad profesionalista, centrada en la formación de las nuevas élites políticas.

La universidad de la década de 1880, como todas las instituciones educativas creadas a partir de la organización nacional, formaba parte de un sistema de poder y de un contexto socioeconómico cultural que respondía a una cosmovisión y a un proyecto común: "La clase política y socioeconómica que dirigía el país integraba al mismo tiempo los cuadros docentes y los núcleos estudiantiles" (Mignone, 1992).

Nicolás Avellaneda, rector de la Universidad de Buenos Aires, presentó en 1883 un proyecto de Ley Universitaria, posteriormente sancionado como la Ley N.º 1597, sobre el modelo de la universidad napoleónica consistente en una confederación de facultades presididas por un rector con facultades honoríficas. La Ley establecía la subordinación de los estatutos de las universidades de Córdoba y Buenos Aires a las siguientes reglas:

1ª. La Universidad se compondrá de un Rector, elegido por la Asamblea Universitaria, el cual durará cuatro años, pudiendo ser reelecto; de un Consejo Superior y de las Facultades que actualmente funcionan, o que fuesen creadas por leyes posteriores. La Asamblea Universitaria es formada por los miembros de todas las Facultades.

2ª. El Rector es el representante de la Universidad, preside las sesiones de la Asamblea y del Consejo, y ejecuta sus resoluciones. Le corresponde el puesto de honor en todos aquellos actos de solemnidad que las Facultades celebren.

3ª. El Consejo Superior se compone del Rector, los decanos de las Facultades y los delegados que éstas nombren.

4ª. Cada Facultad ejercerá la jurisdicción policial y disciplinaria dentro de sus institutos respectivos, proyectará los planes de estudios y dará los certificados de exámenes en virtud de los cuales la Universidad expedirá exclusivamente los diplomas de las respectivas profesiones científicas, aprobará o reformará los programas de estudios presentados por los profesores, dispondrá de los fondos universitarios que le hayan sido designados para sus gastos rindiendo una cuenta anual al Consejo Superior y fijará las condiciones de admisibilidad para los estudiantes que ingresen en sus aulas.

5ª. En la composición de las Facultades entrará por lo menos una tercera parte de los profesores que dirigen sus aulas, correspondiendo a la Facultad respectiva el nombramiento de todos los miembros titulares. Todas las Facultades tendrán un número igual de miembros que no podrá exceder de quince.

6ª. Las cátedras vacantes serán llenadas en la forma siguiente: la Facultad respectiva votará una terna de candidatos que será pasada al Consejo Superior, y si éste la aprobase, será elevada al Poder Ejecutivo, quien designará de ella el profesor que deba ocupar la cátedra.

7ª. Los derechos universitarios que se perciban cons-tituirán el "fondo universitario", con excepción de la parte que el Consejo Superior asigne, con la aprobación del Ministerio, para sus gastos y para los de las Facultades.

Desde entonces, las universidades nacionales se expresaron desde un pensamiento liberal (Generación del Ochenta). Sus atribuciones eran la formación de profesionales, por un lado, y la científica, por otro. El Estado tenía para dichas funciones atribuciones y res-ponsabilidades diferenciadas. En el primer caso, debía supervisar y controlar, mientras que en el segundo, debía respetar la libertad y autonomía para el desarrollo de la investigación científica.

Las universidades se convirtieron en instituciones públicas nacionales sujetas al Estado, devenido admi-nistrador e inspector del sistema educativo. Se consti-tuyeron universidades de élite, con carreras de perfil profesionalista, capaces de generar médicos, abogados, arquitectos e ingenieros, con una formación centrada en el desempeño práctico de las profesiones y desalentando la formación para la inserción en el sistema productivo.

El sistema universitario se expande con las crea-ciones de la Universidad de Santa Fe en 1889, nacio-nalizada en 1919, y la Universidad de la Plata en 1890, como iniciativa del gobierno de la provincia de Buenos Aires para el desarrollo de la enseñanza universitaria. Sin embargo, el escaso financiamiento provincial –en comparación con el nacional– dificultaba el pleno de-sarrollo de las actividades. Asimismo, las universidades nacionales mantenían el monopolio sobre los títulos que otorgaban habilitación profesional a nivel nacional, lo que restringía el ámbito de los graduados de las univer-sidades provinciales a sus respectivas provincias (Mollis,

1990). Esta situación desemboca en la nacionalización de la Universidad de la Plata en 1905.

Otro intento de creación de una universidad provincial fue la fundación de la Universidad de Tucumán en 1912, nacionalizada en 1921, orientada a satisfacer las necesidades locales de desarrollo industrial y agropecuario, particularmente de los ingenios azucareros.

A pesar de la existencia de estas cinco universidades, en términos globales el carácter del sistema era elitista, siendo imposible de materializar, desde la universidad liberal académica, el ciclo virtuoso de retroalimentación entre investigación científica, la enseñanza superior, la producción y el trabajo.

En la Universidad de Córdoba, el papel ultraconservador y clerical del claustro acentuaba su alejamiento de la modernidad. Con discriminación ostensible de acceso y oportunidades, cátedras de sucesión hereditaria, planes de estudio anticuados y matrícula restringida.

3. La reforma

La reforma del año 1918 constituyó un estallido social que recuperó la tradición feudal corporativa de Bolonia y enarboló los idearios del autogobierno, cátedras libres y paralelas, modernización de la enseñanza y el compromiso hacia la sociedad.

El cogobierno fue el principio fundamental que introdujo una nueva forma de participación de profesores e, indirectamente, de estudiantes en las instituciones. A pesar de la impronta reformista en el gobierno, la universidad continuó siendo tradicionalista en sus aspectos académicos por ausencia de articulación de la universidad con la producción de conocimiento y por el mantenimiento del poder en los grupos conservadores, lo que se manifestó con mayor énfasis a partir de 1922. Con la llegada a la presidencia de Marcelo T. de Alvear, avanzaron los sectores antirreformistas. Varias universidades del interior fueron intervenidas y se modificaciones sus estatutos.

La oposición reformista se fue acentuando llegando a su máximo enfrentamiento en 1928, iniciada la segunda presidencia de Yrigoyen. El golpe militar de 1930 interrumpió el movimiento reformista. Volverá a surgir en 1955, para luego desaparecer nuevamente en 1966. Las dictaduras de 1930, 1943 y 1955 bloquearon la producción de conocimiento científico y debilitaron las universidades con medidas como la expulsión de docentes y estudiantes, intervenciones, cesantías y derogaciones de leyes.

En 1930 es derrocado el presidente constitucional Hipólito Yrigoyen y las universidades nacionales fueron intervenidas en su conjunto. El clima de represión y oscurantismo derivó en una merma en la matrícula y la participación semilegal del estudiantado. Se expulsaron docentes y estudiantes y se modificaron los estatutos con el fin de limitar la representación estudiantil en los cuerpos colegiados.

En 1932, asume la presidencia democrática Agustín P. Justo. Se normalizan las universidades retomando sus estatutos anteriores y se reincorporan a muchos de los docentes. Pese a ello, se observaba una fuerte debilidad en el modelo universitario sostenido hasta el momento por falta de profundización en los procesos iniciados con la reforma y también por corrupción de la dirigencia estudiantil, vinculada a la de la política nacional.

4. El peronismo de los años cincuenta

En la presidencia de Castillo, desde 1943, la política universitaria seguía anclada en los pilares del nacionalismo católico, lo que justificó intervenciones y cesantías masivas. Relevantes figuras científicas fueron expulsadas de las universidades.[21] La fractura entre intelectuales y científicos opositores al gobierno y quienes lo apoyaban adquirió un carácter profundo que trascendería al gobierno peronista (Del Bello *et al.*, 2007).

El Decreto N.º 12195 sancionado en el año 1946, durante el gobierno de Juan D. Perón, interviene nuevamente las universidades sobre el eje de la organización de la universidad peronista tras un proyecto nacional de desarrollo, eliminando de la universidad a los sectores aliados a la oposición. La intervención volvió a generar rechazo en el cuerpo docente, produciendo de nuevo la renuncia de importantes intelectuales y científicos.

La Ley N.º 13031, sancionada en el año 1947, profundizó el nuevo proyecto derogando el marco jurídico de la Ley Avellaneda de fines de siglo XIX y los postulados de cogobierno surgidos de la Reforma Universitaria de 1918.

El gobierno peronista (1946-1955) favoreció la masificación de la educación superior. Se estableció la plena gratuidad y se suprimieron los exámenes de ingreso. La matrícula se triplicó. Cabe señalar que esta masificación es un fenómeno mundial en la posguerra. Se creía que el conocimiento científico y tecnológico desarrollado en la academia podía ser volcado al mundo del trabajo y la producción. En ese espíritu se enmarca la creación

---

[21]   Entre ellos Dr. Bernardo Houssay, Dr. Enrique Ravignani y del Dr. José Luis Romero.

de la Universidad Obrera (1952), que incentivó carreras técnicas y el ingreso de sectores populares.

Las leyes universitarias emergentes del Plan Quinquenal 1947-1951 establecieron la gratuidad de la enseñanza superior. El ingreso era controlado por las calificaciones en el colegio secundario y por un cogobierno dependiente del Ministerio de Educación. Ese cogobierno era ejercido por un Consejo Universitario formado por el rector designado por el Poder Ejecutivo Nacional (PEN) con acuerdo del Senado, un número par de consejeros profesores, dos elegidos en cada facultad y dos elegidos por el rector, y los decanos de facultad elegidos por sus profesores. El cogobierno en las facultades tuvo consejos directivos de nueve miembros, seis profesores (tres elegidos por el rector y tres por los profesores) y tres estudiantes electos por los alumnos regulares entre candidatos de altas calificaciones. El sistema universitario ya tenía seis casas de altos estudios con la creación de la Universidad Nacional del Litoral en 1919 y la Universidad Nacional de Cuyo en 1939.

En la universidad del peronismo, tanto el contenido como la orientación de la enseñanza experimentaron cambios significativos, aunque continuó siendo de carácter profesionalista.

Por fuera de las universidades se avanzó en la promoción del desarrollo nuclear,[22] con la creación en el año 1950 de la Comisión Nacional de Energía Atómica (CNEA). Un año después, se instituyó la Dirección Nacional de Energía Atómica (DNEA) destinada a brindar

---

[22]   Inicialmente, el Gobierno centró su atención en el proyecto "Huemul", encabezado por el físico alemán Ronald Richter, que buscó infructuosamente durante cuatro años desarrollar energía atómica sobre caminos carentes de toda solidez científica.

una base operativa a las actividades nucleares. En 1955, este organismo tomaría la denominación de la CNEA. También en el ámbito del Ministerio de Asuntos Técnicos se creó en 1950 la Dirección Nacional de Investigaciones Científicas y Técnicas que cubría actividades muy diversas y fuera el antecedente del CONICET (1958). Se formó el Consejo Nacional de Investigaciones Científicas y Técnicas que intervenía en temas como la administración de becas para estudios especializados. El gobierno peronista promovió también el desarrollo aeronáutico y la fabricación local de autos, tractores y motocicletas, todos ellos sectores de mediana intensidad tecnológica (Del Bello *et al.*, 2007).

El golpe de Estado de 1955 contó con apoyo de círculos intelectuales y académicos contrarios al peronismo y produjo una nueva depuración del cuerpo de profesores. Junto con medidas de política económico-financiera internacional de vasto impacto, como la incorporación al FMI y al Banco Mundial, la instalación del Plan Prebisch en el plano económico interno con énfasis en la libertad de mercado y en la desarticulación de los mecanismos de intervención estatal, la así llamada Revolución Libertadora actualizó la vigencia de la Ley Avellaneda a través del Decreto N.º 6403/55, en donde se estimulaba la iniciativa privada de creación de universidades, reservándose el Estado el reconocimiento de los títulos habilitantes. Asimismo, derogaba leyes sancionadas durante el gobierno peronista.

5. El desarrollismo

Durante la presidencia de Arturo Frondizi (1958-1962), se sanciona la Ley N.º 14557, que consagraba los principios rectores del decreto antes aludido. Una enardecida protesta social daba cuenta de la ruptura con la tradición secular, que comenzaría a desarticularse.

En la década que media entre 1956 y 1966, entre las administraciones del desarrollista Arturo Frondizi y del radical Humberto Illia, se instauraron condiciones académicas para el desarrollo de las universidades. Con libertad de cátedra, inversiones elevadas en infraestructura y equipamiento, salarios docentes adecuados, respeto al conocimiento y a su transmisión, intensa vida universitaria y grupos de trabajo en áreas y tecnologías importantes para el interés nacional. La oferta en educación superior acompañaba en calidad y cantidad a las necesidades de la población. También se introdujo un proceso de modernización en las estructuras organizacionales de las universidades a partir de la instauración del llamado "proceso de departamentalización". Los departamentos constituían unidades académicas que articulaban las actividades de docencia e investigación.

Hacia 1965, existían nueve universidades estatales con la creación de la Universidad Nacional del Nordeste (1956), la Universidad Nacional del Sur (1956) y la reconversión de la Universidad Obrera peronista en la Universidad Tecnológica Nacional (1959), la cual no terminó de materializar la expectativa de vincular la enseñanza universitaria con el mundo de la producción. La administración de Frondizi pone en funciones el Consejo Nacional de Desarrollo (CONADE) y el Consejo Nacional de Educación Técnica (CONET), que tiene la tarea de organizar las escuelas técnicas y los colegios industriales. Se crean el Consejo de Investigaciones Científicas y Técnicas (CONICET), el Instituto Nacional de Tecnología Agropecuaria (INTA) y el Instituto Nacional de Tecnología Industrial (INTI) para promover la investigación científica y el desarrollo.

Sin embargo, estos procesos de modernización se desarrollaron de manera desigual entre las distintas regiones, áreas del conocimiento, carreras, facultades y universidades. El modelo profesionalista tradicional seguía siendo el predominante en la mayoría de las universidades.

A partir de 1958, se aprueba una serie de leyes y decretos reglamentarios que permitieron la creación y funcionamiento de universidades privadas. Garantizaron subsidios estatales, la validez de los títulos expedidos, la total autonomía respecto de la enseñanza oficial y se creó la Inspección General de Enseñanza Universitaria Privada. Esto enfrentó a la comunidad universitaria con el gobierno, bajo la consigna de "laica o libre", lo que no impidió el avance del sector privado. Entre 1959 y 1965, se abren nueve universidades privadas, de las cuales cuatro eran católicas.

En 1966, un nuevo golpe militar comandado por el general Juan Carlos Onganía, autodenominado Revolución Argentina, quiebra otra vez el orden constitucional. En la universidad el daño fue inconmensurable. La Noche de los Bastones Largos[23] truncó la posibilidad

---

[23]   El 29 julio de 1966, la dictadura militar encabezada por Juan Carlos Onganía decretó la intervención de las universidades nacionales, ordenando a la policía que reprimiera para expulsar a estudiantes y profesores de facultades que habían sido tomadas por docentes y alumnos. La destrucción alcanzó los laboratorios

histórica de una evolución sostenida hacia la excelencia institucional. El ostracismo o el exilio de profesores e investigadores calificados, la desintegración de valiosos grupos de investigación y la postergación del quehacer científico fueron sus efectos directos.

Durante los gobiernos militares de Roberto Levingston (1970-1971) y Alejandro Lanusse (1971-1973), se produjo una segunda etapa de expansión de las universidades estatales. Se registraron en el marco del plan Alberto Taquini (h) de creación de universidades estatales regionales. Se fundaron cinco universidades nacionales, respondiendo a necesidades regionales, creación de títulos intermedios y/o promoción de disciplinas académicas: la Universidad Nacional de Rosario (Santa Fe, 1968); la Universidad de Río Cuarto (Córdoba, 1971); la Universidad Nacional del Comahue (Río Negro, 1971), y un año más tarde, las de Salta, Catamarca, Luján y Lomas de Zamora (1972).

Paralelamente se producía una fuerte politización de la comunidad académica, en consonancia con una sociedad movilizada y resistente a la dictadura militar. Hacia 1975, el sistema universitario público registraba 24 universidades nacionales y 21 privadas que seguían, en diversa proporción, subvencionadas por el Estado.

y bibliotecas de las altas casas de estudio y la adquisición más reciente y novedosa para la época: una computadora. A esto le siguió el éxodo de profesores e investigadores y la supresión de los centros de estudiantes. Una feroz persecución se desplegó hacia los militantes, estudiantes y docentes en las facultades. Este hecho se conoció como la Noche de los Bastones Largos.

6. El peronismo de los años setenta
y la dictadura militar

El período constitucional que abarca el período 1973-1976 se manifestó en la historia universitaria como extraordinariamente contradictorio. Pueden distinguirse con claridad dos estilos de gestión educativa: la del ministro Jorge Taiana hasta agosto de 1974 y la de Oscar Ivanissevich hasta el 24 de marzo de 1976, acorde este último con la modalidad conservadora y autoritaria del gobierno de Isabel Perón.

La Universidad de Buenos Aires –denominada Universidad Nacional y Popular de Buenos Aires (UNPBA 1973-1974)– intentó revertir en dicho período todas las cuestiones no resueltas del reformismo liberal. Desde algunas cátedras universitarias se modificaron los planes y programas de las materias con el objeto de vincular la universidad al proyecto económico, político y cultural. Se desarrollaron microexperiencias comunitarias focalizadas en los sectores marginales y populares. La universidad participó en el Programa Nacional de Alfabetización estrechando la relación entre docentes, estudiantes y trabajadores. Asimismo, fueron expulsados los docentes más identificados con la dictadura de Onganía, los que se oponían al nuevo proyecto de universidad y aquellos que trabajaban en empresas multinacionales.

El carácter popular que adquirió la universidad de 1973 suprimió las restricciones al ingreso. La matrícula de 377.000 estudiantes pasó a superar el medio millón en 1975. Según Buchbinder (1999), solo la UBA en 1974 había recibido 40.000 nuevos estudiantes.

En 1975, Isabel Perón designó ministro de Educación a Oscar Ivanissevich, quien provenía de la derecha peronista. Intervino las universidades y encaró la "limpieza ideológica" por la cual gran cantidad de docentes y estudiantes fueron expulsados de los claustros. Los nuevos interventores, pertenecientes también a la extrema derecha peronista, junto a grupos paramilitares y parapoliciales encabezaron un nuevo proceso de vaciamiento de las universidades por el exilio y la persecución de muchos de sus integrantes.

Esta tendencia se profundizó con el golpe de Estado del 24 de marzo de 1976 y con la sanción de la Ley N.º 21276, que dispuso la intervención directa del gobierno militar sobre las universidades nacionales. Estas quedaron bajo el control de las distintas fuerzas militares, para luego ser dirigidas por grupos de extrema derecha.

Durante la última dictadura militar (1976-1983) se produjo un retroceso de la universidad de masas. La dictadura sostuvo la política de reducir el sistema universitario. Aplicaron dos mecanismos centrales: el arancelamiento y la mecánica de cupos. Apuntaron a mermar la matrícula de las grandes universidades, donde la reducción presupuestaria y la restricción del ingreso se sufrieron con mayor intensidad. De esta forma aumentó la matrícula en las universidades privadas y en las públicas pequeñas y medianas. Además se cerraron carreras, institutos de investigación, universidades, y se redujo el presupuesto de investigación.

Los sucesivos cambios en la conducción de las universidades, vinculados con los procesos políticos de desestabilización democrática, agravados por las persecuciones ideológicas a profesores y estudiantes, dañaron la continuidad y el avance del conocimiento científico, afectando la calidad de las instituciones. Esto se vio expresado en los bajos índices de graduación de los alumnos y en el austero desarrollo de la ciencia y la tecnología.

7. El retorno a la democracia. La universidad de los años ochenta

En el año 1983 se inicia la transición a la democracia. El gobierno radical de Raúl Alfonsín asume la presidencia de la Nación e inicia la normalización de las universidades (1983-1986), sobre la base de los estatutos de 1966, a los postulados del cogobierno y a la autonomía universitaria. Se suprimen los cupos, los exámenes de ingreso y las restricciones en el acceso, provocando en los primeros años un acelerado crecimiento de la matrícula.

Los principales problemas a los que se enfrentaba la universidad se relacionaban con la masividad, la ausencia de investigación, una impronta profesionalista, un deterioro en la formación de los docentes y problemas edilicios acentuados por la explosión de la matrícula en 1984.[24]

En varias universidades nacionales los rectores elegidos asumen el control cuasi permanente. Desarrollan una gestión basada en un excesivo personalismo y verticalismo. Se politiza la vida interna de las universidades adoptando el estilo y procedimientos de la política partidaria y, en especial, algunos de sus rasgos más negativos, como el clientelismo, el intercambio de prebendas y la adhesión perpetua al poder. Estas gestiones se

---

[24]   En 1984 los alumnos superaban el medio millón, en 1985 eran 664.000, y en 1986 alcanzaron a ser 700.000.

caracterizaron por la preeminencia de la gestión política por sobre la gestión de los asuntos académicos. Se constituyó una poderosa y eficiente estructura burocrática de política partidista.

8. La universidad en la década de 1990

En los años noventa, durante la presidencia de Carlos Menem, se produce la tercera expansión del sistema universitario. Se crean universidades públicas en el conurbano, que adoptan nuevos modelos de organización, más dinámicos y alternativos a los característicos de la universidad pública tradicional. También se fundaron institutos y universidades privadas heterogéneas, estableciendo mecanismos instrumentales para avanzar en la construcción de un Sistema de Educación Superior, a través de políticas homogeneizadoras de criterios y prácticas para el conjunto de las universidades.

A partir del año 1989, con la asunción de Antonio Salonia (1989-1992) al frente del Ministerio de Educación, se impulsan reformas en las universidades públicas. En este período, los cuatro grandes ejes de la reforma involucran: el financiamiento (se acentúa la búsqueda de nuevas fuentes de recursos), la autonomía universitaria (el Ministerio de Educación se constituye como órgano revisor de las resoluciones del Consejo Superior de las universidades), la evaluación y la diferenciación institucional (entre 1988 y 1998 se crearon 22 universidades privadas y 11 nacionales). Entre 1988 y 1995, se sumaron a las ya creadas una universidad provincial y nueve privadas. Hasta el año 1995, el total de instituciones ascendía a 94, siendo 41 públicas y 51 privadas.

En el marco del Ministerio de Educación de la Nación se crea la Secretaría de Políticas Universitarias (SPU), dirigida por Juan Carlos del Bello. Desarrolla y lleva adelante el Programa para la Reforma de la Educación Superior (PRES). En el año 1995, se sanciona la Ley de Educación Superior N.º 24521, que introduce una serie de medidas tendientes a la construcción del sistema de educación superior, a la unificación de ciertos criterios, a la mejora de la calidad con la incorporación de las prácticas de evaluación y acreditación.

Es pertinente destacar que una vez sancionada la Ley N.º 24521 y el Decreto respectivo 576/96,[25] se atenuó el ritmo de autorización de instituciones privadas. La Comisión Nacional de Evaluación y Acreditación Universitaria (CONEAU) tiende a rechazar, tras rigurosa evaluación, la mayoría de las solicitudes de esas instituciones.

9. A modo de conclusiones

En la historia de la universidad en Argentina podemos distinguir distintos períodos, siempre asociados al devenir político, económico y social del momento.

A grandes rasgos, podemos reconocer un primer período (1613-1900) en el cual la universidad adoptaba las características de una "institución trasferida" poco conectada con el desarrollo de nuevas ideas y el contexto económico y social. Es un período de escasez de recursos humanos y materiales. Con la independencia,

---

[25]   El presente decreto reglamenta los trámites correspondientes a la creación, seguimiento y fiscalización de las instituciones privadas.

la creciente importancia de la universidad se asocia a la formación de las élites para el manejo de los asuntos del Estado.

El período entre 1900 y 1950 es denominado "fundacional reformista". Se crean las universidades nacionales que configuraron el sistema heredado de la reforma de 1918, con una población estudiantil que en 1947 ascendía a 51.272 alumnos. Su misión y perfil será producto del desarrollo económico, social y cultural y no de una misión propia en el progreso científico y tecnológico.

El tercer período, 1950-1970, puede denominarse la "primera expansión del sistema universitario". Se consolidan las universidades nacionales y aparecen las privadas. La tendencia es a la masificación,[26] la diferenciación, la multiplicación de instituciones, la aparición de críticas al modelo de universidad de élites, la necesidad de modernizar el sistema a través de nuevos métodos pedagógicos y diferentes estructuras académicas, se desarrolla la investigación y la vinculación con los sectores productivos.

En este período los movimientos estudiantiles toman importancia y tendrán protagonismo en consonancia con los escenarios políticos nacionales e internacionales.[27] En cuanto a la actividad docente, que en un principio era de prestigio profesional, después de 1955 comienza a orientarse hacia la investigación. Sin embargo, esta orientación solo abarcó a una élite de profesores, siendo la mayoría excluida del desarrollo científico y técnico.

---

[26]   En 1955, la población estudiantil ascendía a 143.542, triplicando la cantidad de alumnos del año 1947.

[27]   Entre ellas, pueden destacarse: la Revolución Cubana (1959), el Mayo Francés (1968) y el Cordobazo (1969).

El cuarto período abarca los años de 1971 a 1995, cuando se produce la "segunda expansión del sistema universitario" con la proliferación de instituciones y el desarrollo del sector privado. En este período se crean en distintas provincias universidades nacionales; también, privadas, con la Iglesia católica como actor central, con una importante oferta de carácter tanto confesional como laico.

La década de 1980, denominada "la década perdida" social y económicamente, si bien constituyó el retorno a la democracia, vino acompañada de una fuerte crisis fiscal, ajuste estructural, privatizaciones y apertura de la economía. La universidad no modificó en lo sustancial su estructura y su relación con el Estado, pero fue enjuiciada por su baja rentabilidad (social) y su escasa habilidad para proporcionar acceso al mercado de trabajo. El gasto en educación se percibía como una colección de subsidios otorgados al consumo privado y al privilegio personal (Brunner, 1992).

A principios de los años noventa, comienza a plantearse la temática de la calidad y eficiencia en la educación superior,[28] la cual es juzgada por su bajo nivel. Se critica el rol burocrático del Estado, el fuerte clientelismo, la poca claridad en la asignación de los fondos. En síntesis, un crecimiento de instituciones y de matrícula, pero con un pobre desarrollo científico-tecnológico, desarticulado de las demandas de la sociedad y del mercado.

Las nuevas políticas de educación superior, desde 1993, introdujeron formas de regulación que hasta

---

[28]   Los organismos nacionales e internacionales comienzan a señalar que la educación y la investigación debían garantizar la competitividad y productividad de la economía, así como la equidad y sustentabilidad económica.

el momento se encontraban al margen del Estado. Se desplegaron sobre la combinación de diagnósticos focalizados y acciones sectoriales. Sus objetivos centrales fueron promover una mayor diferenciación de las instituciones públicas y privadas; incentivar que las instituciones públicas diversifiquen sus fuentes de ingreso y generen recursos propios; e impulsar la redefinición del gobierno en relación con la educación superior y la introducción de políticas que permitan una mayor equidad (Krotsch, 2001).

La intervención del Estado y las políticas desarrolladas en relación con las instituciones universitarias lograron avanzar en la conformación del sistema de educación superior, articulado a través de políticas sectoriales focalizadas e instrumentos normativos que regularán el funcionamiento de la educación superior en su conjunto.

En el siguiente capítulo se explicitarán los avances del proceso de construcción del sistema, su articulación y las reformas producidas por la implementación de las políticas de educación superior.

CAPÍTULO 4
AVANCES EN LA CONFORMACIÓN DEL SISTEMA DE EDUCACIÓN SUPERIOR

1. La articulación y construcción del sistema de educación superior

La historia de la educación argentina pone de manifiesto una desarticulación del sistema educativo. Se observa, hasta 1995, la ausencia de una legislación que enlace sus diversos niveles y en el interior de cada uno de ellos. Esta situación determinó que cada instancia se configurara autónomamente sucediéndose distintas leyes, decretos y resoluciones ministeriales que regularon por separado los diversos estamentos.

La reforma del Estado en la década de 1990 se tradujo en diferentes políticas universitarias que cambiaron las relaciones estructurales entre el Estado y las universidades, articularon y ordenaron el sistema de educación superior. Esta modificación de las políticas públicas desplazó temas de la agenda universitaria. En la década de 1960, se centraba en el planeamiento integral. En los años setenta, en las reformas estructurales. En los años ochenta, en las restricciones presupuestarias, agravadas por una matrícula en crecimiento. Y en la década de 1990, la agenda pública tomó como eje la evaluación para el mejoramiento de la calidad. Las políticas desarrolladas serán el producto de un proceso de negociación y, por lo tanto, de distribución de poder entre los distintos actores universitarios y extrauniversitarios.

En la formulación de estas políticas se pueden distinguir tres etapas: la "primera etapa (1991-1992)", caracterizada por la definición del problema e instalación del tema a nivel nacional; la "segunda etapa (1993-julio 1995)", por la instalación del tema en la agenda universitaria y la formulación de alternativas de solución; la "tercera etapa (desde julio de 1995)", por la institucionalización de la evaluación y la acreditación, por la adopción de una política concreta plasmada en la Ley de Educación Superior N.º 24521 y en el Decreto 499/95 (Marquis, 1996).

A mediados del año 1991, comenzó a elaborarse el Programa de Fortalecimiento a la Gestión y Coordinación Universitaria (conocido como Subproyecto 06), consecuencia de un acuerdo firmado entre el MCE y el Consejo Interuniversitario Nacional (CIN) (Pérez Lindo, 1993). Contó con el apoyo financiero del Programa Nacional de Asistencia Técnica para los Servicios Sociales (PRONATAS) y del Banco Mundial, y con la cooperación técnica del Programa de las Naciones Unidas para el Desarrollo (PNUD). Este subproyecto, coordinado por Víctor Sigal y Carlos Marquis, incluía la formulación de proyectos de políticas públicas y asistencia técnica al área universitaria que lo requiriera. Cada uno de los subproyectos contenidos en el 06 –costos, calidad de la enseñanza, fortalecimiento de la coordinación interuniversitaria y capacitación de administradores– tuvo impactos diferenciados en la comunidad universitaria, siendo observada por buena parte de las universidades nacionales.

A partir de entonces, se inicia un nuevo capítulo en la historia de las universidades argentinas, que podría calificarse como de "evaluación bajo sospecha" (Mollis,

1994). La reacción de la mayoría de las universidades públicas fue de resistencia crítica. Consideran que el impulso de evaluar la calidad se había gestado extramuros académicos, a partir de un proyecto financiado por un organismo internacional como el Banco Mundial. A este proyecto auspiciado por el MCE se lo vinculaba además con una racionalidad económica financiera, no sustentada en razones académicas sino de asignación presupuestaria.

En relación con lo anterior, surgió la sospecha de que la implementación de evaluaciones estandarizadas se orientaría a privilegiar los campos de conocimiento ligados al sistema productivo y tecnológico, y en menor medida, a áreas como humanidades y sociales.

En el Acuerdo Plenario 97/93 del CIN se encuentran los fundamentos por los cuales se rechaza el informe final del Subproyecto 06 como instrumento metodológico en la evaluación de las universidades nacionales[29] (Carlino y Mollis, 1997). A partir de entonces, la evaluación ocupará un espacio como parte de las políticas institucionales: "El Subproyecto 06 produjo lo que hemos denominado un efecto *boomerang* en el sentido de haber generado importantes y novedosas consecuencias para la construcción del campo de la evaluación universitaria. Inicialmente como rechazo y luego como contrapropuesta, las universidades nacionales sistematizaron,

---

[29] El CIN aprueba lo actuado por la Comisión de Seguimiento de los procesos de Evaluación de la calidad (art. 1°), da por finalizada la actividad del CIN referida al Subproyecto 06 (art. 2°) y considera "no conveniente" la adopción de la propuesta "Evaluación para el mejoramiento de la calidad universitaria" como instrumento a ser utilizado para las evaluaciones nacionales (art. 3°). En el art. 5° decide continuar los procesos de evaluación universitaria, afianzando y ampliando las metodologías utilizadas.

explicitaron y difundieron sus propios marcos teóricos y metodológicos acerca de la evaluación" (Carlino y Mollis, 1997: 26).

Puede decirse que el Subproyecto 06 se transforma en una herramienta que abre la discusión sobre la cuestión de la evaluación, generando opiniones encontradas, alternativas metodológicas e instalando el tema en la agenda universitaria.

Las reticencias de las universidades a las nuevas políticas públicas produjeron una serie de debates y tensiones que generaron, entre otros, los siguientes eventos: el Primer Congreso Nacional de Evaluación de la Calidad realizado en Salta; el Segundo Encuentro de Rosario en 1992 y el Tercer Encuentro de Mar del Plata en 1993, auspiciados por el CIN; el Primer Seminario sobre Evaluación Universitaria, organizado por las universidades nacionales del conurbano bonaerense junto con el MCE a través de su Secretaría de Políticas Universitarias en abril de 1997; el seminario "Autonomía universitaria, criterios de calidad y acreditación institucional", organizado conjuntamente entre las universidades de Palermo, El Salvador y Buenos Aires en mayo de 1997; y el IV Encuentro Nacional de Evaluación de la Calidad Universitaria organizado por la Universidad Nacional del Sur. Estos encuentros reflejaron el interés de las propias universidades, más allá de los acuerdos del CIN y del Consejo de Rectores de Universidades Privadas (CRUP), por involucrarse activamente en el tema.

Desde la Comisión de Enseñanza, el CIN desarrolló distintos talleres preparatorios y encuentros nacionales, que concluyeron con el Acuerdo Plenario 50/92, donde se indican los Aspectos Relevantes de la Evaluación de la Calidad Universitaria, y con el 133/94, que aprueba los Documentos Básicos de la Evaluación de la Calidad Universitaria, producidos y consensuados en el Taller de Vaquerías (Universidad Nacional de Córdoba).

La instalación del tema de la evaluación y acreditación tuvo, en los distintos actores involucrados, momentos de colaboración y enfrentamiento, dada la fuerte politización de los temas y a raíz de las discrepancias en las propuestas del Estado.

La imposibilidad de consolidar una oposición sólida tras un proyecto alternativo hizo que las universidades adoptaran un rol más activo en los temas álgidos, como la autonomía, la certificación académica y la habilitación para el ejercicio profesional; quién habría de realizar la evaluación; bajo qué procedimientos; cuál sería el objeto y el fin de la evaluación; y algunos puntos concretos del proyecto de la Ley de Educación Superior presentado por la Secretaría de Políticas Universitarias en mayo de 1994.

Es preciso distinguir el rol jugado por las universidades grandes y medianas, por un lado, y el de las nuevas universidades nacionales, creadas en el contexto de expansión y reformas, por el otro.

Las primeras consideraban que las reformas no expresaban la tradición de la universidad argentina y eran consonantes con los requerimientos del Banco Mundial. Algunos puntos del desacuerdo eran el avance sobre la autonomía universitaria, los mecanismos de acreditación de las carreras, la evaluación de las universidades, los organismos responsables de instrumentar dichos procesos y el régimen económico-financiero donde se disponía que el presupuesto fuera fijado cada año por el Poder Ejecutivo, con el consentimiento del Congreso e incluido en el presupuesto nacional. Y sobre todo, la admisión de las agencias privadas de evaluación. Esta situación provocó una constante oscilación entre una resistencia de baja intensidad y una adaptación resignada a la reforma.

Disfuncionalidades y malestares en la vida universitaria eran palpables. La injerencia de los partidos políticos y la consecuente partidización de la universidad, cruzada por las lógicas del poder político y por intereses que no representaban las problemáticas académicas sino los beneficios de los distintos grupos corporativos sin vocación universitaria, daban cuenta de la profunda crisis por la que pasaba la universidad. La "politización" del gobierno universitario devino en un espacio donde se dirimían disputas entre partidos políticos y grupos de interés más allá de la crisis universitaria.

La pérdida de poder de los ámbitos de gestión universitaria se plasmó en una pobre capacidad de negociación frente tanto a un Estado con políticas públicas claras como a un sistema complejo en cuanto a variedad de instituciones y a múltiples organismos de coordinación y toma de decisiones.

La hegemonía de las políticas públicas partió de un diagnóstico compartido por sectores de la sociedad y por parte de la comunidad universitaria. Reclamaban una mayor transparencia en la gestión académica e institucional de las universidades.

La legitimidad de estas nuevas políticas terminó siendo impulsada y avalada por ciertos sectores intelectuales de la misma comunidad universitaria. En la discusión sobre la evaluación existían rectores, decanos, directores de carreras e intelectuales que cuestionaban el aislamiento de las universidades de la sociedad y su evolución en el contexto internacional marcado por la evaluación de carreras de grado, posgrado y de instituciones.

Los decanos de Ingeniería, a través del Consejo Federal de Decanos de Ingeniería (CONFEDI), ya habían iniciado, en 1992, un proceso de discusión de los currículos, con el objetivo de modificar los planes de estudio, siguiendo las nuevas tendencias de formación de los ingenieros para su inserción social y productiva. Esta discusión quedó plasmada en la publicación del *Libro azul*.

Nuevas universidades en el conurbano bonaerense fueron creadas por proyectos locales, iniciativa de entidades de bien público, fuerzas vivas y dirigentes políticos locales. Se presentaron como modelos innovadores y alternativos a las universidades tradicionales. Construyeron sus proyectos institucionales en función de las nuevas políticas impulsadas desde la SPU. Su creación coincidió con la reforma en educación superior impulsada por el gobierno desde 1993. Entre sus características distintivas, se encontraban una menor restricción institucional, escaso poder de negociación e intereses específicos, con lo que estaban más abiertas a propuestas de transformación (García de Fanelli, 1997). Teniendo en cuenta que el rector organizador es designado por el Poder Ejecutivo, y es quien imprime su impronta en el proyecto de misión institucional inicial, el gobierno vio en ellas claros interlocutores para implementar las reformas.

La resistencia de las universidades privadas, representadas en el CRUP, se centraba en la oposición a un ente estatal de evaluación. Propusieron que las instituciones constituyeran sistemas voluntarios de evaluación y acreditación externa. Alternativa que no prosperó, si bien el sector estudiantil que manifestó a través de marchas y asambleas su oposición a la Ley de Educación Superior N.º 24521 globalmente no se pronunció sobre el tema de la evaluación y acreditación.

En 1995, las políticas públicas en educación superior se afianzaron con la creación del Programa para la Reforma de la Educación Superior (PRES), cofinanciado por el Banco Mundial (BM). Este programa se desarrolló en la Secretaría de Políticas Universitarias (SPU) del Ministerio de Educación (ME) y tenía cinco objetivos centrales:

1. Reforma y ordenamiento del marco legal de la educación superior.
2. Introducción de incentivos para el mejoramiento de la calidad de la educación superior y de la asignación de recursos.
3. Transparencia en la gestión mediante el mejoramiento de la información.
4. Modificaciones a la distribución de los recursos presupuestarios.
5. Fortalecimiento de la capacidad de conducción y programación de la SPU.

Ante la dificultad de la comunidad universitaria de generar proyectos autónomos de cambio, la sanción de la Ley de Educación Superior N.º 24521 legitima los instrumentos tendientes a la mejora la calidad. Algunas instituciones aceptan, en esta etapa, las políticas de educación superior. Esta conformidad se instrumenta en la creación de unidades específicas para la evaluación y acreditación y en la alta participación de académicos como expertos evaluadores. La evaluación se consideraba garante de la calidad y del mejoramiento que se produciría en el interior de las universidades y que repercutiría en la mejora del conjunto del sistema.

La acreditación de posgrado no suscitó fuertes debates ni controversias, pues ya había procesos pilotos como la Comisión de Acreditación de Posgrado (CAP); lo mismo sucedió con la acreditación real de las carreras de grado, a pesar de la existencia de consecuencias explícitas mucho más significativas que los resultados de los procesos de evaluación.[30]

La construcción de los estándares para la acreditación de carreras de grado es un proceso en el cual las asociaciones profesionales o las agrupaciones de decanos de un campo académico y científico conforman un ámbito donde se comparten experiencias propias y se proponen soluciones a las problemáticas de las carreras que componen el área disciplinaria correspondiente. Estas entidades asumen un rol protagónico, sintetizando el pensamiento de las distintas facultades. Producen un documento que luego es tomado como base para la evaluación y acreditación de las carreras. Podría pensarse que el proceso de elaboración de los estándares, con la activa participación de los propios expertos y/o decanos, constituye la clave de la construcción de este espacio.

Tomando las tres categorías de Burton Clark (Estado, mercado, oligarquía académica), la integración del sistema estaría centrada en un principio en el Estado, que detenta el poder de integrar y regular la relación horizontal de los distintos sectores. Posteriormente, hay un

---

[30] En los procesos de acreditación de posgrado si la carrera no acredita su título deja de tener la validez nacional que le otorga el Ministerio de Educación, mientras que en la acreditación de grado la CONEAU puede determinar el cierre de una carrera no acreditada.

desplazamiento hacia la participación de la oligarquía académica, ubicada en los "cuerpos intermedios de amortiguación" que regulan las relaciones entre el Estado y las universidades (SPU, CONEAU, entre otros).

2. La reforma de la educación superior en Argentina

El crecimiento de la demanda y la masificación de la década de 1980 produjeron la diversificación de instituciones, tanto de gestión pública como privada, y el surgimiento de una variedad de programas académicos, además de nuevas modalidades como la enseñanza semipresencial y a distancia. La masividad en condiciones de restricción presupuestaria también causó una crisis de calidad, de eficiencia y de eficacia.

El inicio de la reforma en educación superior, a partir de 1983, se asentó sobre la normalización de la actividad institucional y académica,[31] pauperizada por la crisis presupuestaria, con bajos salarios, escasez de presupuesto para investigación, obsolescencia de las instalaciones y de los laboratorios. Este diagnóstico, sostenido por

---

[31]   El proceso de normalización restableció la aplicación de los estatutos universitarios vigentes en el período de la restauración reformista (1966), el reconocimiento legal y la participación de las federaciones y centros de estudiantes en los consejos superiores y directivos y la legalidad de la Federación Universitaria Argentina. En julio de 1984, el Congreso sanciona la Ley N.º 23068, por la que se establece el régimen de normalización de las universidades nacionales, y también deroga las "leyes de facto". La realización de los concursos docentes permitió la normalización de las instituciones a través de procesos electorales en cada uno de los claustros: docentes, graduados y estudiantes.

los organismos internacionales, podría ampliarse de la siguiente manera: el sistema de educación superior se encontraba en tensión entre una progresiva demanda y una creciente restricción al financiamiento público.

La reforma producida en los años noventa introdujo los conceptos de eficiencia, eficacia, calidad, evaluación y acreditación, y planteó la necesidad de cambios sustantivos en la lógica institucional de las universidades. Antes de impulsar la reforma, el Ministerio elaboró un diagnóstico sobre el funcionamiento de las instituciones universitarias. Entre las falencias, pueden destacarse:

1. Falta de integración y articulación. Ausencia de un "sistema".
2. Expansión indiscriminada de la matrícula, especialmente en las carreras de perfil profesionalista.
3. Baja calidad de la formación.
4. Distribución del presupuesto de manera inercial y negociada.
5. Indicadores de la profunda crisis estructural: a) la relación egresados-ingresantes y la alta deserción; b) la duración media de las carreras (altas tasas de repitencia o baja dedicación al estudio).
6. Problemas de eficiencia externa: planes de estudios excesivamente largos no adecuados a las demandas del medio y a los cambios tecnológicos y del mercado.
7. Se detectan problemas en cuanto a la conformación del cogobierno.
8. El diagnóstico sobre los recursos humanos enfatiza: a) dedicación parcial de los docentes; b) escasas obligaciones de realizar investigación; c) múltiples cargos en distintas facultades y universidades; d)

baja formación de posgrado; e) pocos concursos docentes, y f) crítica a la homologación salarial para el conjunto de los docentes (antigüedad y no méritos).

9. En relación con la admisión y permanencia, se observa la necesidad de crear sistemas de ingreso que permitan bajar la tasa de deserción y un régimen de permanencia que termine con el estudiante crónico.

Para subsanar estos problemas, el MCE toma las siguientes medidas en pocos años (1995-1998):

1. Aprobación de la Ley de Educación Superior N.º 24521 que establece un marco regulatorio común creando un sistema integrado.
2. Creación de la Comisión Nacional de Evaluación y Acreditación Universitaria. Implementación de mecanismos de evaluación y de acreditación.
3. Creación del Programa de Incentivos a docentes investigadores.
4. Creación del Fondo para el Mejoramiento de la Calidad Universitaria (FOMEC).
5. Restructuración del sector. Expansión de la oferta de formación técnica (creación de la figura de colegio universitario) y crecimiento de la oferta de universidades privadas.
6. Diversificación de las fuentes de ingreso vía contratos con el sector productivo y la posibilidad de arancelamiento de los estudios de grado junto al impulso de becas y créditos universitarios.
7. Fomento a la creación de carreras cortas, flexibles y vinculadas al sector productivo.

8. Distribución del presupuesto por indicadores de insumos y resultados con la intención de introducir mecanismos para una administración más eficiente.

9. Descentralización de la política de remuneraciones docentes, siendo las universidades quienes fijen el régimen salaria y la política de personal.

10. Exigencia de títulos máximos o iguales al nivel del curso en que se está ejerciendo la docencia.

11. El régimen de admisión pasa a ser competencia de cada universidad. Se requiere del alumno la aprobación de dos materias anuales para mantener la regularidad.

En este contexto, se crea el Programa para la Reforma de la Educación Superior desarrollado en el marco de la Secretaría de Políticas Universitarias. El Estado pasará a ejercer un nuevo tipo de control, indirecto, mediado por los organismos intermedios o de amortiguación (SPU, CONEAU, Consejo de Universidades, etc.) y por los programas especiales (FOMEC, Programa de Incentivos a los Docentes Investigadores).

En 1993, el Ministerio firmó 16 convenios con universidades nacionales y dos con asociaciones de facultades para implementar la evaluación institucional.[32] Estos acuerdos preveían asesoramiento para autoevaluaciones

---

[32]   El Ministerio de Educación y Cultura firmo acuerdos con las siguientes instituciones universitarias: 1) Universidad de Cuyo, 2) Universidad de Río Cuarto, 3) Universidad Federal de la Patagonia Austral, 4) Universidad de la Patagonia, 5) Universidad del Centro de la Provincia de Buenos Aires, 6) Universidad del Nordeste, 7) Universidad de San Juan, 8) Universidad de Luján, 9) Universidad del Sur. Y con las siguiente asociaciones de facultades: 10) Facultades de Educación Agropecuaria, 11) Facultades de Medicina; más adelante, con 12) La Pampa, 13)

(que quedaron en manos de las mismas instituciones) y la asistencia para constituir y coordinar comités de evaluación externa. Dentro de este programa se completaron, en 1995, las evaluaciones de tres universidades nacionales: la del Sur, la de la Patagonia Austral y la de Cuyo. La CONEAU, una vez conformada, tomó bajo su responsabilidad la prosecución de los restantes convenios en lo relativo a las evaluaciones externas.

En 1994 se crea y se implementa el Programa de Incentivos a los Docentes Investigadores. El objetivo del programa fue promover las actividades de investigación en el cuerpo docente. El sistema partió de una categorización de los profesores en cuatro clases, privilegiando la producción científica y publicaciones en revistas con arbitraje.

A finales de 1994, el Ministerio creó la Comisión de Acreditación de Posgrados. La tarea realizada por la CAP fue la primera experiencia en acreditación de posgrado sistemática y generalizada en el país y constituyó la prueba piloto para la institucionalización de la acreditación desarrollada por la CONEAU.

La CAP realizó en 1995 una convocatoria a la acreditación voluntaria de maestrías y doctorados. Respondieron más de trescientas carreras de universidades públicas y privadas. La CAP dictaminó sobre su acreditación con resultados positivos en aproximadamente dos terceras partes de las solicitudes y clasificó los programas acreditados según la calidad en tres categorías: A (excelente), B (muy bueno) y C (bueno).

Catamarca, 14) La Rioja, 15) Comahue, 16) Santiago del Estero, 17) Litoral y 18) Misiones.

El mismo año se crea, a través del Decreto Presidencial 480/95, el Fondo para el Mejoramiento de la Calidad Universitaria (FOMEC), orientado en un primer momento a apoyar los proyectos de reforma que las universidades decidieran emprender en pos del mejoramiento de la calidad de la enseñanza. El FOMEC asignó fondos a las universidades estatales mediante proyectos concursables a través de cinco convocatorias anuales entre 1995 y 1999.

El presupuesto asignado al FOMEC era de 230 millones de pesos, de los cuales 145 provenían del Banco Mundial y los 93 millones restantes correspondían a la contrapartida que debían asegurar las universidades nacionales que participaban en los proyectos.

El FOMEC tuvo como objetivos:

1. Apoyar las reformas académicas: la modernización de los planes de estudios, la creación de ciclos articulados, la departamentalización y la modernización de la gestión.
2. Mejorar la calidad de la enseñanza: capacitación de los docentes, mejoramiento de los procesos de enseñanza y aprendizaje, evaluación del desempeño de profesores y alumnos, consolidación de programas de posgrado, modernización de bibliotecas, laboratorios, etc.
3. Buscar una mayor eficacia y eficiencia en los procesos de formación académica: disminuir la deserción y la duración real de las carreras, introducir criterios de racionalización del ingreso, el fortalecimiento institucional, la modernización del gerenciamiento y la gestión universitaria.

Se financiaron tres tipos de proyectos: disciplinarios, de biblioteca y de desarrollo institucional. Podían solicitar fondos en cuatro rubros: bienes, becas y pasantías, servicios de consultoría y obras de refacciones de carácter menor (Castro, 2003). La acreditación de los posgrados realizada por la CAP se constituyó en una condición necesaria para el acceso al financiamiento del FOMEC.

En síntesis, la reforma procuraba la diferenciación de las instituciones, la diversificación de las fuentes de financiamiento, la redefinición del rol del Estado en educación superior y la introducción de políticas que priorizaran la calidad y equidad.

El sistema se expandió tanto en el ámbito público como privado. Entre 1989 y 1995, se autorizó el funcionamiento de 22 universidades privadas (Universidad de Ciencias Sociales y Empresariales, del CEMA, San Andrés, Maimónides, Palermo, Austral, Adventista del Plata, Blas Pascal, Di Tella, Champagnat, Fraternidad y Agrupaciones Santo Tomás de Aquino, Cuenca del Plata, Congreso, Empresarial Siglo XXI, Abierta Interamericana, del Cine, Instituto Universitario Fundación Barceló, Instituto Universitario de la Fundación ISALUD, Universidad de Centro Educativo Latinoamericano, Favaloro, Atlántida Argentina y de Flores) y ocho universidades nacionales. Seis de ellas, en el conurbano bonaerense (General San Martín, General Sarmiento, Lanús, Tres de Febrero, Quilmes y La Matanza), y dos surgen de la nacionalización de instituciones provinciales (La Rioja y Patagonia Austral).

El sistema de educación superior, a fines de 2012, se componía de 115 instituciones, distribuidas de la siguiente manera:

- 47 universidades nacionales
- 46 universidades privadas
- 7 institutos universitarios estatales
- 12 institutos universitarios privados
- 1 universidad provincial
- 1 universidad extranjera
- 1 universidad internacional

Por iniciativa de la SPU, se establece como otra vía fundamental de diversificación de la oferta la expansión de las instituciones terciarias no universitarias de formación técnica y profesional. Estas diversificaron la oferta orientada a la atención del sector de servicios (informática, diseño, turismo, hotelería). Eran instituciones caracterizadas por una variedad académica de perfil y de calidad muy heterogénea.

Se crea así el Instituto Tecnológico de Mendoza y varios colegios universitarios privados en la provincia de Buenos Aires. Se estimula la creación de los colegios universitarios, los cuales deben ser acreditados por una universidad y ofrecer carreras cortas, flexibles y/o a término.

La diversificación de fuentes de financiamiento en instituciones públicas innovó la venta de servicios y transferencia de conocimientos al sector privado y la autorización al arancelamiento de los estudios. Este último, el que mayor resistencia provocaba en el sector estudiantil, no se convirtió en una práctica generalizada. Solo se estableció en algunos casos a través de la figura del bono contribución.

Un momento central de la reforma fue la sanción, en agosto de 1995, de la Ley de Educación Superior N.º 24521. Permitió un instrumento normativo que regularía el funcionamiento de la educación superior en su conjunto.[33] Abarca todos los aspectos de la educación superior, tanto a las instituciones públicas y privadas como al sector no universitario. Delimita las responsabilidades sobre el sector de dependencia: sectores no universitarios de responsabilidad jurisdiccional y de responsabilidad del Estado. Establece un sistema de evaluación institucional para la educación superior no universitaria y de evaluación y acreditación para la universitaria. Determina competencias en el otorgamiento de títulos, siendo estas para las universidades el de títulos de grado, maestría y doctorados. Además, fija pautas para la financiación.

La Ley de Educación Superior dotó de entidad propia al sistema de educación superior, entendiéndolo como un "conjunto de elementos que tienen cierta unidad, atribuida básicamente al dinamismo de la cooperación y en la que no está ausente el conflicto".

En la actualidad, desde principios de 2010, está en consideración del Ministerio de Educación y de las universidades una propuesta para modificar y aprobar una nueva ley.

La Comisión Nacional de Evaluación y Acreditación Universitaria (CONEAU) se crea como un organismo descentralizado que funciona en jurisdicción del Ministerio de Educación. Sus funciones se establecen en el artículo 46 de la Ley:

a. Coordinar y llevar adelante la evaluación externa prevista en el artículo 44.

---

[33]   En capítulos posteriores se analizará el nuevo funcionamiento del sistema de educación superior a partir de los nuevos instrumentos normativos.

b. Acreditar las carreras de grado referidas en el artículo 43,[34] así como las carreras de posgrado, cualquiera sea el ámbito en que se desarrollen, conforme a los estándares que establezca el Ministerio en consulta con el Consejo de Universidades.

c. Pronunciarse sobre la consistencia y viabilidad del proyecto institucional que se requiera para que el Ministerio autorice la puesta en marcha de una nueva institución o el reconocimiento de una provincial.

d. Preparar los informes requeridos para otorgar la autorización provisoria y el reconocimiento definitivo de las universidades privadas, así como los informes sobre la base de los cuales se evaluará el período de funcionamiento provisorio de dichas instituciones.

La CONEAU se transformó en el único organismo público nacional de evaluación y de acreditación universitaria y comenzó a funcionar en 1996. Su misión institucional se centró en asegurar y mejorar la calidad de las carreras e instituciones por medio de actividades de acreditación y evaluación de la calidad.

En el presente capítulo hemos desarrollado los procesos que dieron lugar a la conformación del sistema de educación superior y a las nuevas prácticas de evaluación y de acreditación, imprescindibles para la comprensión de la situación actual de las universidades argentinas. Podemos afirmar que la evaluación y la acreditación han tenido un impacto heterogéneo en la relación entre

---

[34] El artículo 43 hace referencia a las carreras consideradas de interés público que conllevan un riesgo social y cuyo ejercicio profesional puede comprometer el derecho y la seguridad de las personas.

el Estado y las instituciones. Desde el inicio, la relación se basó en un continuo de situaciones de cooperación y conflicto, acompañado de estrategias de adaptación y resistencia.

Las nuevas políticas lograron instalarse en las universidades. En algunos casos, bajo una modalidad sustantiva; en otros, de manera instrumental; y en algunos otros casos, con una visión meramente ritualista por la necesidad de cumplir con una Ley.

Teniendo en cuenta los avances logrados por la CONEAU, los procesos de evaluación y de acreditación han logrado un importante consenso. Sin embargo, quedan algunos aspectos de política y gestión institucional que deberían tenerse en cuenta en pos de mejorar y profundizar las prácticas de evaluación y de acreditación. Entre ellos, pueden destacarse los siguientes:

- La necesidad de abrir el debate sobre las concepciones sobre calidad que han sido aplicadas en los procesos de evaluación y acreditación. No hay consenso acerca de su significado y valoración.
- La necesidad de que la evaluación adopte un carácter permanente y continuo que les permita convertirse en herramientas de cambio y mejoramiento institucional.
- La revisión de los procesos de evaluación y acreditación de las carreras de grado y posgrado a la luz de los resultados y de las opiniones de los actores participantes.
- La evaluación y acreditación deberían facilitar el desarrollo de nuevas políticas y estrategias institucionales para contribuir al desarrollo de una gestión

autónoma, eficiente y responsable relacionada con las necesidades de la sociedad.

Una vez expuestos los avances realizados en la conformación del sistema de educación superior, la reforma producida a partir de los años noventa y la instalación de la evaluación y acreditación, se considera oportuno presentar los resultados de los casos elegidos, que dan cuenta del impacto de los efectos de las nuevas políticas de educación superior.

CAPÍTULO 5
LAS PRÁCTICAS DE EVALUACIÓN Y ACREDITACIÓN DE CARRERAS DE GRADO EN LAS UNIVERSIDADES DE GESTIÓN PÚBLICA Y PRIVADA

Este capítulo aborda el análisis de dos casos seleccionados. En primer lugar, se desarrolla una reseña histórica de ambas instituciones donde se exponen sus orígenes, los procesos de conformación de sus estructuras, la transformación y consolidación de su oferta académica y su estado de situación hasta la fecha. En segundo lugar, se describen los procesos de evaluación institucional y acreditación de las carreras de grado de Ingeniería y se exhiben los resultados obtenidos por cada institución de acuerdo a los informes elaborados por la CONEAU. Finalmente se analizan entrevistas a participantes en los procesos de ambas universidades que contaban con información relevante sobre el desarrollo, las dificultades y el impacto que produjeron en el quehacer universitario.

1. Universidad de Belgrano

1.1. Breve reseña histórica

La Universidad de Belgrano fue creada por el Dr. Avelino Porto el 11 de septiembre de 1964 en conformidad con la Ley N.º 14557 sancionada en el año 1958, que reglamentó el funcionamiento de las universidades privadas. Dicha ley establecía que las universidades privadas debían constituirse como entidades sin fines de lucro y que debía transcurrir un ciclo de estudios completo para las carreras, además de acreditarse una calidad académica satisfactoria antes de alcanzar la autorización definitiva. La misma se le otorgó el 26 de enero de 1970 en un decreto presidencial.

Su primera sede se encontraba en Sucre y Cramer, en lo que en ese momento se conocía como el "Pueblo de Belgrano". Inició sus actividades con 90 estudiantes, 28 profesores y un empleado. A medida que se concretan inversiones en infraestructura y equipos, se van sucediendo las creaciones de nuevas facultades y escuelas: la Facultad de Tecnología en 1976; la de Posgrado en 1979; las de Ciencias Agrarias e Ingeniería en 1984; la de Estudios a Distancia en 1987; la Escuela de Economía y Negocios Internacionales y el Departamento de Posgrado y Educación Continua en 1988; el Departamento de Ingeniería de Software en 1989; la Facultad de Ciencias de la Salud en 1993; la Facultad de Lenguas y Estudios Extranjeros en 1994 y la Facultad de Ciencias Exactas en 1995.

La Universidad de Belgrano fue creada con una clara orientación hacia carreras profesionales tradicionales. Su crecimiento inicial se cimentó en una importante matrícula de estas carreras, sustentado, por una parte, con la incorporación de docentes prestigiosos que eran, simultáneamente, catedráticos en universidades nacionales o que habían sido separados de ellas por razones políticas o ideológicas, y por otra parte, en la construcción de una oferta de gestión privada no confesional.

La sanción de la Ley N.º 24521 mantiene las obligaciones mencionadas en la Ley N.º 14557, y además establece la autonomía académica e institucional como también instancias de autoevaluación y evaluación externa; estas últimas, a realizarse por la CONEAU o por agencias privadas de evaluación y acreditación reconocidas por el Ministerio.

Actualmente, la Universidad de Belgrano cuenta con las Facultades de Arquitectura y Urbanismo, Derecho y Ciencias Sociales, Ciencias Económicas, Humanidades, Ingeniería, Tecnología Informática, Ciencias Agrarias, Lenguas y Estudios Extranjeros, Ciencias de la Salud, Ciencias Exactas y Naturales, y Estudios a Distancia; y cuatro unidades académicas de posgrado: Facultad de Estudios para Graduados, Escuela de Economía y Negocios Internacionales, Escuela de Posgrado en Derecho y Departamento de Estudios de Posgrado y Educación Continua.

El desarrollo académico de la Universidad de Belgrano estuvo acompañado por un fuerte crecimiento de su infraestructura edilicia, que ha hecho que la institución pasara de desempeñarse en el año 1964 en un inmueble alquilado a disponer hoy de 14 unidades distribuidas sobre más de 40.000 m2 totales, siendo una gran parte de ellos propiedad de la institución.

La universidad oferta 33 carreras de grado y seis especializaciones, 14 maestrías y dos doctorados. En cuanto a las carreras de grado del área de Ingeniería, se dictan: Ingeniería Electromecánica, Civil, Industrial y Electrónica con orientación en Telecomunicaciones.

Según las estadísticas de 2008 elaboradas por Ministerio, a través del Sistema de Información Universitaria (SIU), la cantidad de alumnos de grado ascendía a 12.178, perteneciendo al área de Ingeniería 140 alumnos. Los graduados de las carreras de grado para el año 2008 eran de 727, siendo nueve de las ingenierías.

2. Universidad Nacional del Centro de la Provincia de Buenos Aires

2.1. Breve reseña histórica

En 1974, a través de la Ley N.º 20753, se creaba la Universidad Nacional del Centro de la Provincia de Buenos Aires en las ciudades de Tandil, Olavarría y Azul. A principios de la década de 1960, iniciado el proceso de creación de universidades privadas, en Tandil se comienza a pensar la idea de fundar un instituto de estudios superiores en el que la creciente población estudiantil pudiera obtener formación universitaria sin tener que salir de su región. El 30 de mayo de 1964 se crea el Instituto Universitario de Tandil. La actividad académica de esta universidad privada se inició en la Facultad de Ciencias del Hombre. Se agregaron en 1965 las Facultades de Económicas y Físico-Matemáticas, y en 1969, la de Veterinaria.

En 1969 surge el Instituto Universitario de Olavarría, sostenido económicamente por la Fundación Fortabat y por el gobierno municipal. Dependía académicamente de la Universidad Nacional del Sur. En 1973, en el marco de la creación de universidades nacionales, la ciudad de Azul incorpora a su oferta educativa los estudios superiores creando el Departamento de Agronomía dependiente del Instituto Universitario de Olavarría, adscripto académicamente a la Universidad Nacional del Sur. Sus fondos provenían de una empresa local.

El 9 de octubre de 1974 se firmó el decreto que promulgó la Ley N.º 20753 de creación de la Universidad Nacional del Centro de la Provincia de Buenos Aires (UNCPBA). Así, en Tandil se mantenía la Facultad de Ciencias Veterinarias. La de Ciencias del Hombre se convertía en Facultad de Humanidades, la de Ciencias Físico-Matemáticas, en Ciencias Exactas, y la de Ciencias Económicas de la Universidad de Tandil integraría, junto a la estructura académica del Instituto Universitario de Olavarría, la Facultad de Ciencias Económicas de la UNCPBA. Por último, el Departamento de Ingeniería del instituto olavarriense se transformaba en Facultad de Ingeniería, mientras que en Azul comenzaba a funcionar la Facultad de Agronomía.

El Dr. Raúl C. Cruz, rector de la Universidad de Tandil, es designado delegado organizador de la nueva universidad, que contaría para su funcionamiento con bienes y personal transferidos por los institutos privados. Con la asunción del gobierno democrático hacia fines de 1983 comienza el proceso de normalización universitaria, abriendo paso a una sucesión de rectores.

La implementación de los concursos docentes, el desarrollo de la investigación, la fundación de nuevas unidades académicas (la Facultad de Ciencias Sociales con sede en Olavarría en 1987, la Escuela Superior de Teatro en Tandil en 1989 y la Unidad de Enseñanza Universitaria de Quequén en 1996), la creación de numerosas carreras de grado y de posgrado, así como la reforma académica, son algunas de las significativas transformaciones que la universidad experimentó entre el inicio de la normalización y fines de la década de 1990.

A fines del año 2000 se puso en marcha –a través de múltiples acciones y con la planificación estratégica como herramienta de gestión– un modelo institucional de apertura a la comunidad y de estrecha vinculación con la región. Al tiempo que se diversificó la oferta de carreras de grado y de posgrado, se crearon nuevas unidades académicas, como la Facultad de Arte en Tandil (sobre la base de la Escuela Superior de Teatro) y las escuelas superiores de Derecho en Azul y de Salud en Olavarría. A nivel preuniversitario, fue inaugurado en Tandil el Colegio de Nivel Polimodal.

La universidad desarrolla sus actividades en tres sedes: Tandil, Olavarría y Azul. Oferta 46 carreras de grado, cinco especializaciones, siete maestrías y siete doctorados. Las carreras de grado de Ingeniería que se dictan son: Ingeniería Civil, Electromecánica, Química, en Seguridad e Higiene en el Trabajo e Industrial.

Según las estadísticas 2008, ese año los alumnos de grado ascendían a 12.222; perteneciendo al área de Ingeniería 720. Los graduados eran 598, siendo 41 los egresados de Ingeniería.

3. Los procesos de evaluación institucional

En el marco de la Red Latinoamericana de Cooperación Universitaria, y previo a la instalación generalizada de la evaluación institucional, la Universidad de Belgrano realizó una autoevaluación a través de un sistema de variables aplicadas al análisis de la institución. El documento fue la base para cumplimentar los procedimientos de evaluación institucional impulsados posteriormente desde la CONEAU.

La autoevaluación se inició con el convenio suscripto en 1998 por la Universidad de Belgrano con la CONEAU. Este proceso tuvo una fuerte impronta desde el Rectorado.

En cuanto a la construcción metodológica, el informe presentaba información cualitativa y cuantitativa. La información cuantitativa se encontraba acotada, lo que impidió realizar reconstrucciones históricas acerca de la evolución institucional. Se concentró básicamente en las fortalezas y recomendaciones y depuró las debilidades. Concluyó en la elaboración de un Plan Estratégico de Desarrollo Institucional (2001-2005) que podría sintetizarse en las siguientes líneas:

- la modernización de su estructura curricular;
- el desarrollo de actividades de investigación y transferencia de relevancia, integrado con la función docente;
- la inserción internacional de la universidad en sus estudios de grado y de posgrado.

El proceso de autoevaluación se complementó con la evaluación externa llevada adelante por la CONEAU. La visita del Comité de Pares Evaluadores (CPE) se llevó a cabo con entrevistas a autoridades, directores de carrera, docentes, alumnos, graduados y personal administrativo y de apoyo. También se visitaron la biblioteca, diversas escuelas e institutos de investigación y se tomó conocimiento del sistema integrado de información. Como parte de las tareas del CPE, este destinó un tiempo específico para recibir los aportes que quisieran efectuar cualquier miembro de la comunidad universitaria.[35]

El informe de la CONEAU fue recibido por la universidad en el año 2001; dada la situación imperante en el país,[36] decidió postergar las sugerencias de mejoramien-

---

[35] CONEAU, Informe de Evaluación Externa de la Universidad de Belgrano, noviembre de 2001.

[36] En el año 2001, Argentina vivió un estallido de violencia política que culminó con una sucesión de recambios de gran magnitud. Como resultado de dicho estallido, en primer lugar, el presidente

to. La universidad, hasta fines del año 2008, aún no había retomado el informe de evaluación institucional ni había puesto en práctica planes y programas que subsanaran las debilidades de dicho informe. Posteriormente, en el análisis de las entrevistas, se explicitarán los motivos por los cuales la institución no avanzó en la continuidad del proceso.

La Universidad del Centro desarrolló el proceso de autoevaluación en dos momentos. En una primera instancia (entre los años 1996 y 1997), se comenzó a elaborar el primer documento de autoevaluación que no fue entregado a la CONEAU. En el año 1999, las autoridades decidieron retomar el proceso de autoevaluación, recuperando y actualizando el documento, con vistas a la evaluación externa.

La evaluación externa llevó a cabo un análisis de las principales actividades que desarrolla la universidad. En dicho análisis, en relación con el acuerdo firmado entre la UNICEN y la CONEAU, primaron criterios de evaluación como la integración al medio, la consistencia entre las políticas desarrolladas, la oferta académica, los proyectos de investigación y transferencia, los propósitos institucionales, la producción académica y pedagógica, las innovaciones, la capacidad de generar respuesta frente a problemas y de seleccionar entre las demandas externas y avances respecto de propuestas de cambio. También el análisis atendió a las cuatro funciones sustantivas del conjunto institucional: docencia, investigación, extensión y gestión. Y sobre otras cuestiones a

---

De la Rúa debió abandonar su cargo a poco de inaugurarlo. Lo que siguió a dicha renuncia –que arrastró consigo al gobierno de la Alianza– fue una profundización de la crisis política y económica ya reinante en Argentina.

fin de mostrar más acabadamente la riqueza de la vida institucional.[37]

El informe de la CONEAU fue recibido en el año 2000 y derivó en la elaboración de un Proyecto de Planificación Estratégica (2001-2002), que permitió rediscutir el proyecto institucional tomando en cuenta las recomendaciones realizadas por los pares evaluadores. Sin embargo, el mismo se abandonó en los años 2003-2004 a pesar de los avances logrados intentando retomarse, sin éxito, en el año 2005 debido a conflictos institucionales que surgieron en la segunda gestión del Dr. Néstor Auza (2004-2007).

Se observa que en ambos casos la evaluación permitió a las universidades pensar y elaborar proyectos de planeamiento estratégico, ya esbozada la idea en el marco del FOMEC, pero apareciendo desde las instituciones como una necesidad para el control de gestión.

4. Los procesos de acreditación de las carreras de grado de Ingeniería

La Universidad de Belgrano realizó la acreditación de las carreras de Ingeniería Civil, Electromecánica y Electrónica con orientación en Telecomunicaciones. Se presentaron a la primera convocatoria voluntaria (2002) acreditando por tres años con compromisos. Por lo que debieron realizar segundas acreditaciones cumplidos los tres años.[38]

---

[37]   CONEAU, Informe de Evaluación Externa, 2000.
[38]   En el caso de que la carrera no cumpla con la resolución ministerial N.º 1232/01, la acreditación se otorga por tres años. Por ello, cada tres años se realizan segundas evaluaciones de las

Las mayores dificultades detectadas se centraban en la estructuración de los planes de estudio –que fueron subsanadas en casi su totalidad según lo expuesto en las Resoluciones N.º 257/09 y 258/09 (CONEAU)–, en las actividades, en los proyectos y en las dedicaciones de los docentes a las tareas de investigación. Según el Comité de Pares, los avances no solucionaron el déficit señalado en la acreditación anterior. Persistía la carencia en la Facultad de una política de investigación y desarrollo tecnológico tendiente a mantener o incrementar proyectos de investigación.

La Universidad del Centro realizó la acreditación de las carreras de Ingeniería Civil, Química, Industrial y Electromecánica; y posteriormente, la de Ingeniería Industrial. Las carreras de Ingeniería Civil, Química y Electromecánica se presentaron a la primera convocatoria voluntaria (2002) acreditando por tres años con compromisos. Por lo cual, debieron realizar segundas acreditaciones una vez cumplimentados los tres años.

Las dificultades se centraron en nueve problemáticas, transformadas en compromisos: equipamiento informático, bibliografía, políticas de cooperación interinstitucional, concursos para docentes ordinarios, revisión de programas y cargas horarias y realización de la práctica profesional supervisada.

El Comité de Pares consideró que la universidad cumplió sus compromisos. Por lo tanto, se le extendió la

---

carreras acreditadas en estas condiciones. Si la carrera satisface lo establecido por la resolución ministerial correspondiente, la acreditación se otorga por seis años. Si así fuera, pero la carrera no ha completado un ciclo completo de dictado, la acreditación se otorga por 3 años.

acreditación de Ingeniería Civil tres años.[39] En el caso de Ingeniería Química y Electromecánica, los compromisos fueron similares a los planteados para la carrera de Ingeniería Civil, pero se agregaron cuestiones sobre la necesidad de formación de posgrado para los docentes, de mejorar el seguimiento de los graduados, la redistribución de la planta docente y la creación de una estructura administrativa propia de la carrera. Pasados los tres años, fue objeto de su segundo proceso de acreditación. El Comité de Pares consideró que había cumplimentado los compromisos y le extendió la acreditación.[40] Ingeniería Industrial acreditó en 2006 por tres años.

Las debilidades que la universidad se comprometió a subsanar eran la reorganización del plan de estudios, modificar cargas horarias, ampliar el equipamiento informático, implementar actividades de investigación, incorporar material bibliográfico, políticas de cooperación interinstitucional y espacio edilicio propio.

En ambas universidades, las debilidades y fortalezas detectadas en las carreras de Ingeniería coinciden en términos generales con las del Comité de Pares. Esta coincidencia podría deberse a que las universidades no utilizaron el informe de evaluación institucional para diseñar políticas de mejoramiento. El énfasis de las políticas de Estado no se orienta a la mejora de las instituciones, sino de las carreras. Esto puede observarse en los fondos y programas específicos para las universidades nacionales elaborados por la SPU.[41]

---

[39]   Resolución 052/09. CONEAU.
[40]   Resoluciones N.º 054/09 y 053/09, CONEAU.
[41]   Entre ellos, se destaca el Programa para el Mejoramiento de la Enseñanza en Ingeniería (PROMEI I y II), en Agronomía (PROMAGRO), en Veterinaria (PROMVET), en Química (PROMARQ),

También se plantea la dificultad, tanto desde las instituciones como del organismo evaluador, de integrar evaluación y acreditación como parte del mejoramiento de la calidad de las universidades.

5. Análisis de las entrevistas

5.1. Universidad de Belgrano

En las entrevistas con miembros de la Universidad de Belgrano, pueden observarse distintas visiones y formas de participación en el proceso. Para las autoridades y los responsables de la autoevaluación, las condiciones para su desarrollo se daban por la existencia previa de un proceso similar y la necesidad de cumplir con la Ley de Educación Superior. Hasta el momento, la universidad solo había participado de la acreditación de las carreras de posgrado con buenos resultados y aguardaba la definición de los estándares para las carreras de Ingeniería.

Según sus protagonistas, el proceso de autoevaluación fue centralizado, tranquilo, con poca participación, basado en la autoevaluación previa para la Red Latinoamericana, la cual fue reformulada y adaptada para su presentación ante la CONEAU. El liderazgo político del rector impulsó el proceso, y participó fundamentalmente la oficina de Seguimiento de Evaluaciones que había trabajado en el informe para la Red.

El informe final de la CONEAU marcó las fortalezas y debilidades ya conocidas por la universidad. No le

---

en Farmacia y Bioquímica (PROMFYB), en Medicina (PROME), en Odontología (PROMOD) y en las Ingenierías Forestal, Recursos Naturales y Zootecnista (PROMFORZ).

generó consecuencias, ya que la CONEAU no realizó ningún tipo de seguimiento. Por otro lado, la institución decidió, dado el contexto político-económico del año 2001, posponer cualquier proyecto de mejoramiento. Sin embargo, las debilidades detectadas posteriormente se manifestarían en la acreditación de las carreras de Ingeniería.

Para la universidad, la acreditación marcó un cambio sustantivo en su mirada sobre los procesos establecidos en la ley y aplicados por la CONEAU. A partir de los resultados en las acreditaciones de las ingenierías, el rector asumió un mayor protagonismo, abocando la universidad a la acreditación.

La primera acreditación convocó a un importante grupo de la Facultad de Ingeniería en la confección de los formularios y en el armado de la presentación. La segunda convocatoria incorporó a los directores de áreas –figura que se creó a partir de los compromisos asumidos en la primera–, pero no logró involucrar suficientemente a los docentes, sobre todo a aquellos con menos dedicación horaria. Pese a ello, el proceso de acreditación en sí fue más participativo que el de autoevaluación.

Los requerimientos eran sobre modificaciones en los planes de estudio, creación de áreas, deficiencias en proyectos de investigación, grupos de investigación y transferencia de tecnología.

Los procesos de acreditación de las carreras de grado de Ingeniería, desde la mirada de los docentes, se consideraron un paso positivo y un proceso de aprendizaje, aunque mayormente no hubo participación de los docentes, sino de los profesionales con cargos de gestión. Luego los docentes no tuvieron acceso a los informes completos, solo recibieron recomendaciones de los pares evaluadores vinculadas con su área de experticia.

En cuanto a los alumnos, si bien estaban informados, no participaron de los procesos, pero consideraron que en un futuro serán beneficiados con el mejoramiento de la carrera, aunque hasta el momento no han podido ver dichas mejoras.

La Universidad de Belgrano se opuso a la participación de los alumnos en el Análisis de Contenidos y Competencias que los Estudiantes Disponen Efectivamente (ACCEDE),[42] ya que se consideró que constituía una "intromisión a la autonomía universitaria",[43] teniendo en cuenta que la ley no contempla la evaluación de los alumnos, sino el ejercicio profesional de los graduados. La universidad propuso que se evaluaran los trabajos finales de carrera, pero ni el Comité de Pares ni la CONEAU tuvieron la propuesta en consideración. La implementación del ACCEDE, como se verá más adelante, no prosperó ni en las universidades públicas ni privadas.

El dictamen de acreditación no generó sorpresas, ya que las carreras estaban al tanto de cuáles eran sus debilidades. Sin embargo, se sostiene que la acreditación cada tres años genera desgastes y se convierte en

---

[42]   El ACCEDE es una prueba que se implementa durante la acreditación, cuyo objetivo es aportar información sobre los resultados del aprendizaje referidos a los estándares de calidad de la formación, la cual se utiliza para complementar el análisis que permiten los otros indicadores disponibles (como el plan de estudios, las actividades curriculares, las pruebas y trabajos escritos de los alumnos). Participan de ella los estudiantes que tengan el 80% de la carrera aprobada.

[43]   Entrevista con el vicepresidente de Gestión Institucional, Prof. Aldo Pérez.

un proceso que "no termina nunca".[44] Se considera a la acreditación como una práctica compulsiva., por obligatoria y por poner en riesgo el cierre de una carrera, aunque en la práctica aún no haya sucedido. La acreditación permitió un mayor diálogo entre los directores de área y los docentes. Todos los docentes entrevistados concuerdan con que existió un fuerte apoyo de las autoridades. Fueron asistidos y preparados para poder llevarla adelante con éxito.

De las entrevistas realizadas, tanto a directivos como a docentes, se pudo observar que no hubo conflictos entre los actores intervinientes y las autoridades. Según los responsables, el impacto de la acreditación de las carreras de Ingeniería fue mayor al de la evaluación, ya que la universidad debía subsanar las debilidades por el compromiso asumido con la CONEAU, sin margen para su no cumplimiento, pues en tres años la carrera debería someterse a una nueva acreditación que las tomaría en cuenta.

Se considera que ambos procesos devinieron en mejoras. Entre ellas, se destaca la creación de la Oficina de Seguimiento de Evaluaciones que coordina los procesos de evaluación y de acreditación; la elaboración de un plan estratégico para el desarrollo de la universidad; mejoras en los planes de estudios de la carrera de Ingeniería y una mayor conciencia de la necesidad de avanzar en las falencias en la producción de conocimientos. Pero también argumentan que la acreditación cada tres años se convierte en una rutina, en la cual las personas tienden a desgastarse y disminuye la participación. Tratando de revertir dicha situación, la oficina de Seguimiento

---

[44]   Entrevista con el coordinador del área de Física, Ing. César Arias.

de Evaluaciones trabaja con los decanos y docentes en la necesidad de participación y en la incorporación de las prácticas de evaluación y de acreditación como mecanismos de control de gestión.

Para los responsables de ambos procesos, la evaluación institucional no es la principal impulsora de los cambios. Sí lo es la acreditación. La universidad no habría incorporado la práctica de la evaluación si no fuera por exigencias legales y de la CONEAU. La universidad no llevaría a la práctica ni la autoevaluación ni la acreditación sin un organismo externo que los impulsara.[45]

En cuanto a la acreditación de las ingenierías, se reconoce que la dinámica acelera los cambios dada la necesidad de acreditar y alcanzar el estándar. En la Universidad de Belgrano se comenzaron a rever las debilidades, que también estaban en el informe de evaluación institucional, a partir de la acreditación de las carreras de Ingeniería. En ambos procesos se considera que la institución tiende a acomodarse a la mirada de la CONEAU; desdibujando, en ocasiones, su propio proyecto institucional, dado que el organismo evaluador posee una visión sesgada más cercana al quehacer de la universidad pública.

Todos los entrevistados acuerdan sobre la necesidad de la evaluación y la acreditación. Teniendo en cuenta la proliferación de universidades y carreras, se consideraba necesario poder distinguir la "excelencia" de la "no excelencia", revertir la "falta de calidad en la educación" y la "imposibilidad de autorregulación de las universidades". Asimismo, se considera que debieran

---

[45]   Entrevista con la directora de la Oficina de Seguimiento de Evaluaciones, Lic. Emma Di Tullio.

revisarse haciendo hincapié en una mayor participación de las universidades privadas y de transformar en procesos que ayuden a las universidades a "corregir sus problemas y no a sancionarlas".[46]

5.2. Universidad Nacional del Centro de la Provincia de Buenos Aires

La Universidad del Centro presenta una dualidad interesante. Por un lado, apeló ante la justicia la inconstitucionalidad de algunos artículos de la ley; por el otro, el rector inició el proceso de evaluación institucional. Esta contradicción se explica, según las palabras del ex rector Carlos Nicolini, por el hecho de que en un primer momento la autoevaluación se creía enmarcada en pautas del Banco Mundial. No obstante su gestión había comenzado, antes de que se aprobara la Ley, con la conformación de una Comisión de Autoevaluación integrada por tres miembros; conscientes de la impronta internacional que adquiría la evaluación y, por lo tanto, que la misma debía llevarse adelante. Se consideraba necesario apropiarse del sentido de dichos procesos y de la necesidad de saber en qué situación se encontraba la universidad y qué posibilidades de mejora podían existir.

Algunos participantes de la evaluación sostienen la complejidad política del momento. Destacan los "embates de la privatización de la universidad, la aparición del FOMEC y la evaluación como política pública impulsadas desde la SPU". Finalmente, como el FOMEC y la evaluación institucional no comprometieron el rumbo de las premisas de la universidad, se consideró que no

---

[46]   Entrevista con el Prof. Aldo Pérez, docentes: Ing. Aguilera y Guerci, Lic. Emma Di Tullio y Arq. Víctor Sigal.

había impedimentos tanto para participar del FOMEC como para hacer la evaluación.[47]

La evaluación se pensó como herramienta para comprobar si la universidad estaba respondiendo a las necesidades regionales originales en su creación y también como un mecanismo de reconocimiento interno, que fue muy válido, de unidades académicas descentralizadas donde el conocimiento interfacultades pasaba solo por los decanos o consejeros.

En ese sentido, la autoevaluación fue un proceso conducido desde el rectorado, bastante centralizado, en donde las unidades académicas más reacias terminaron sumándose frente a la mayoría que había aceptado. En términos generales, fue participativa. Actualizó un documento anterior y fijó líneas prioritarias de trabajo que replicaron en facultades y secretarías.[48]

En general, fue un proceso tranquilo; discutido en un primer momento. A medida que se fue desarrollando, se pudo observar que reflejaba la visión que cada unidad académica tenía de lo que estaba sucediendo, pudiéndolo plasmar en un documento que sirvió a las gestiones posteriores para conocer las debilidades y elaborar políticas para subsanarlas.

Algunas debilidades pudieron superarse. Otras siguen pendientes de concreción y de decisiones políticas. Se avanzó en la expansión de la oferta académica y en la inserción de la universidad en el medio. No pudo resolverse una cuestión sobre la existencia de una "federación de facultades" en contraposición a un proyecto que integre los distintos roles de una organización. Esta

---

[47]   Entrevista con el ex decano de Ingeniería, Ing. Marcelo Espina.
[48]   Entrevista con el ex rector Carlos Nicolini.

debilidad no logró subsanarse por diferencias disci-
plinarias y porque, desde su creación, la universidad
ha tenido una conformación regional y se encuentra
dispersa en la zona.

La universidad llevó a cabo la evaluación convencida
de que era una buena oportunidad para "saber dónde
estábamos parados" y para discutir el proyecto institucional. No hubiese sido posible si alguno de los órganos
de gobierno, sobre todo el rector, no hubiesen liderado
el proceso, convenciendo y estimulando al resto de la
comunidad académica de las "bondades" de la evaluación. Este convencimiento se plasmó en ejercicios de
sensibilización como talleres, reuniones o encuentros.

De la misma forma, se pensaba en la posibilidad de
acceder a fuentes de financiamiento a partir de la evaluación, expectativa que nunca se concretó. En la práctica,
no se implementaron programas desde el Ministerio que
garantizaran el financiamiento de las recomendaciones
de los pares evaluadores.

El informe final de autoevaluación se entregó en
el año 1999 y fue considerado por la CONEAU como
una buena evaluación. Fue recibido en un momento
de elecciones académicas y, aunque no era crítico, las
distintas fracciones no lo tomaron en cuenta. El nuevo
gobierno del rector, el Dr. Auza, junto con la antigua
comisión de autoevaluación y tres miembros más de
la gestión, puso en marcha, en 2001, la elaboración de
un Plan de Desarrollo Estratégico cuya base fueron las
recomendaciones del informe final de evaluación. El
plan estratégico se replicó también en las facultades

con la idea de que el mismo abarcase la universidad como un todo.[49]

Los entrevistados coinciden en que, a pesar de quiebres institucionales, se pudo avanzar en temas académicos, de investigación y de extensión. También destacan la creación del parque tecnológico. La planificación se expresó en objetivos generales, específicos, y diversas acciones que fueron financiadas por organismos como el Ministerio de Educación y la Agencia de Ciencia y Técnica. Tuvo una impronta muy personal que, sin embargo, perdió impulso cuando la gestión entró en conflictos internos. Se separó a los miembros que habían trabajado en la autoevaluación y en el plan estratégico, priorizando la "universidad social".

La idea de la "universidad social" fue impulsada por el Dr. Néstor Auza y se centraba en la articulación entre universidad y sociedad. Se desarrollaron políticas tendientes a concretar esa "idea-fuerza" durante su gestión. Entre ellas, la creación de un Parque Científico Tecnológico donde se desarrollaban más de sesenta empresas de informática, alimentos y materiales especiales; la instalación de una "universidad barrial" en uno de los barrios más castigados de Tandil; se propició la capacitación laboral para reinsertar desocupados; se abrieron cursos para mejorar el rubro servicios y el apoyo pedagógico en bibliotecas populares para estudiantes de las escuelas más desprotegidas.

En el año 2005, se intentó reformular el Plan de Desarrollo Estratégico, ya que algunas metas se habían cumplido, como la expansión de la oferta académica

---

[49]   Entrevista con la integrante de la Comisión de Autoevaluación, Lic. Alicia Auzmendi.

y la inserción de la universidad en el medio. Pero, por ejemplo, la articulación de la universidad como un todo es una tarea todavía pendiente.[50]

Desde la mirada de un ex rector, las diferencias entre la evaluación y acreditación son sustantivas. En la acreditación, "se observa una mayor conciencia del proceso, que se percibe en las formas de trabajar, de participar y en los proyectos que se desarrollan a partir de las autoevaluaciones de las carreras". También se comprende que la acreditación es una consecuencia de la evaluación. No son procesos separados, ya que se debe realizar una autoevaluación de la facultad y de la carrera. Asimismo, la acreditación plantea consecuencias expresas que no produce la evaluación.

Otros actores sostienen que la evaluación no llega profundamente a los estudiantes y docentes. Se queda en la superestructura: el rector, los decanos y el personal de apoyo político más cercano. En contraposición, en la acreditación el involucramiento es más parejo, con una importante participación de todos los estamentos.

La acreditación de las carreras de Ingeniería en la Universidad Nacional del Centro de la Provincia de Buenos Aires (UNICEN) tiene una larga trayectoria. Se inició en 1992 en el Consejo Federal de Decanos de Ingeniería con la idea de homogeneizar los currículos de las carreras de Ingeniería, y se concretó durante el período 1994-1996 modificando planes de estudio.

Cuando la CONEAU inicia en el 2001 la acreditación de las ingenierías, las carreras tenían la ventaja de haber modificado sus planes, lo que hizo que los cambios, una vez aprobados los estándares, no fueran tan complejos.

---

[50]   Entrevista con la secretaria académica, Prof. Mabel Pacheco.

El consenso entre los propios ingenieros permitió que no impactara negativamente, como sí sucedió en la evaluación. Al ser la acreditación propia de las unidades académicas, no se produjeron discusiones en el marco del Consejo Superior, como sí con la evaluación. Esta diferencia permitió que la acreditación no fuera ni rechazada ni fuente de disputas.

Esta aceptación de la comunidad disciplinaria se comprobó en la presentación voluntaria de las carreras, con la conciencia de que la acreditación llevaba a profundizar y materializar cambios, no solo en los planes de estudio, sino también en la práctica de la organización docente.

La acreditación de las ingenierías, también, permitió la creación de la Comisión de Revisión, Evaluación y Seguimiento de los Planes de Estudio (CRESEPE), presidida por el secretario académico de la Facultad de Ingeniería, con un representante de las carreras de grado y pregrado de la facultad y un integrante del Departamento de Ciencias Básicas. Esta comisión debatió la homogenización vertical y horizontal de los planes de estudio y generó un documento donde se definieron los conceptos para la acreditación de las carreras.[51]

El mayor compromiso se vio en la primera convocatoria a la acreditación, donde se conformaron equipos de trabajo. Los alumnos participaron a través del Análisis de Contenidos y Competencias que los Estudiantes Disponen Efectivamente. Había muchas expectativas sobre los resultados del proceso. En las segundas convocatorias ya se había producido un ordenamiento de

---

[51]   Entrevista con la vicedecana de la Facultad de Ingeniería, Ing. Isabel Concepción Riccobene.

los datos, sistematizado la información; y el trabajo era sobre los compromisos. La participación fue menor, recayendo en el equipo de gestión.

Las carreras de la Facultad de Ingeniería acreditaron por tres años con compromisos. Se considera que por ser la convocatoria voluntaria no se realizaron los cambios necesarios para lograrla por seis. El haber previamente trabajado sobre el perfil del ingeniero y modificado el currículo hacía pensar que las carreras estaban a la altura de los estándares. Sin embargo, la evaluación realizada por los pares fue enfática en la necesidad de mejoras en las políticas de investigación y en la no contemplación de la "mirada regional" de los problemas y debilidades, produciendo tensiones entre las carreras y los pares. Esta situación puede detectarse más adelante, con cuestiones que plantea el decano de Ingeniería, como modificaciones necesarias que deberían realizarse para las futuras acreditaciones.

La acreditación por tres años produce desgaste en lo operativo. Lo más importante fue la autoevaluación que permitió reflexionar sobre cuestiones sabidas pero no formalizadas: ordenar datos e información estadística para la toma de decisiones y discutir internamente, como nunca se había realizado, las fortalezas y debilidades de las carreras.[52]

La acreditación de las carreras permitió, por primera vez, contar con un diagnóstico claro de la situación de cada ingeniería; diagnóstico conocido por todos, consensuado, discutido para elaborar planes de mejoramiento. En cuanto a los informes y resultados de la

_____

[52]   Entrevista con el docente de la carrera de Ingeniería Ing. Roberto de la Vega.

acreditación, fueron los esperados, ya que en el proceso de autoevaluación se pudieron detectar las debilidades y enunciarlas antes de la evaluación de los pares.

Con todo, se considera que aún hay cuestiones de la acreditación que deben modificarse, como la evaluación de la investigación y el ACCEDE. En el primer caso, se cree que existe una falencia real: falta de docentes categorizados y de investigación, entendida como un componente científico-tecnológico de las carreras. El problema fue que los pares aplicaron los estándares de investigación siguiendo los términos del CONICET, centrados en la investigación científica pura y no en la científico-tecnológica. Este problema también se reflejó en las diferentes regiones. En un primer momento había una unificación de criterios donde no se tenían en cuenta las diferencias regionales. Determinadas carreras eran cuestionadas por la aplicación homogénea de los estándares.

El segundo problema se vincula con el ACCEDE. Resultó ser una buena idea que se fue "deformando en su concepción y en sus objetivos". El ACCEDE fracasó como estrategia, porque se convirtió en una evaluación de los saberes y no de las competencias. También se desvirtuó en el armado de las pruebas, en las interpretaciones de simbologías y en el perfil del alumno, ya que debían tener el 80% de la carrera terminada, lo que no constituía una muestra significativa. A pesar de que los resultados no fueron los esperados, el ACCEDE sirvió a las carreras para ver en qué aspectos los alumnos se desenvolvían bien y en cuáles se debía mejorar.[53]

---

[53]   Entrevista con el decano de la Facultad de Ingeniería, Ing. Edgardo Fabián Irassar.

Una cuestión destacada de la acreditación de Ingeniería es la existencia del Proyecto de Mejoramiento de la Enseñanza en Ingeniería (PROMEI I y II),[54] que permite, a través de la distribución de financiamiento, subsanar los componentes débiles de las carreras: apoyo al mejoramiento de la formación de los futuros ingenieros, al desarrollo y mejoramiento de recursos humanos académicos, a las actividades de investigación, desarrollo y transferencia tecnológica y al equipamiento y bibliografía. En el caso de la UNICEN, a través del PROMEI, se logró mejorar el equipamiento, se modificó la planta docente pasando del 33% de docentes con dedicación exclusiva a una planta que reúne el 60% de docentes exclusivos. Se logró que los docentes con dedicación exclusiva pudiesen concluir estudios de posgrado en Argentina o en el exterior.

También se trabajó sobre el ingreso y la tasa de graduación. Aunque no se acortaron las carreras, se modificaron las exigencias, como la necesidad de agregar práctica profesional supervisada, en donde el alumno adquiere las competencias de "hacer y no solo de saber".[55]

---

[54] El PROMEI I y II es un programa de la SPU destinado a otorgar financiamiento para el mejoramiento de las carreras de Ingeniería de universidades nacionales e institutos de las Fuerzas Armadas que culminaron el proceso de acreditación. Comprende 247 carreras de Ingeniería, de 75 unidades académicas, de 73 universidades con sus respectivas sedes y 2 institutos; e incluye 18 titulaciones o terminalidades: Ingeniería Aeronáutica, en Alimentos, Ambiental, Civil, Eléctrica o Electricista, Electromecánica, Electrónica, Hidráulica o en Recursos Hídricos, en Materiales, Mecánica, en Minas, Nuclear, en Petróleo, Química, Agrimensura, Bioingeniería o Biomédica, Industrial y Metalúrgica.

[55] Entrevista con el decano de la Facultad de Ingeniería, Ing. Edgardo Fabián Irassar.

Otra de las cuestiones en la que contribuyó el proceso de acreditación fue la forma en que se trabajó, la sistematización de los datos, la información sobre la carrera, el contacto con los graduados y la visión integral que ahora se tiene de las carreras, tanto desde las autoridades como desde los docentes. En este sentido, la primera convocatoria permitió conectarse nuevamente con los graduados, acercarlos a la facultad e implantar prácticas supervisadas en las empresas en las cuales se desarrollaban profesionalmente.

Se considera que el impacto global de la acreditación en las ingenierías ha sido altamente superador. No solo por haber adecuado los contenidos y prácticas a los requerimientos de formación de ingenieros para el desarrollo profesional contemporáneo, sino también por el hecho de comprender que "uno forma parte de una carrera".

La acreditación creó en los docentes mayor conciencia en la necesidad de realizarla, pues constituye "un problema de todos"; diferente a la evaluación, que "parecería más un problema del rector". Para los entrevistados, la acreditación pasó a constituirse en una herramienta de mayor fuerza que la evaluación. "La acreditación permite socializar información que de otra manera es imposible de transferir, cada docente sabe cuáles son los problemas, dónde están las dificultades y cómo formar parte de la solución".[56]

Se considera que la calidad de las facultades mejora después de la acreditación, y que son las mismas universidades que cierran las carreras inviables, no la CONEAU. A nivel de facultades, uno de los impactos más

---

[56]   Entrevista con el Ing. Roberto de la Vega.

importantes fue la creación del consorcio proingenierías de la provincia de Buenos Aires. Este organismo reconoce automáticamente el ciclo básico de las carreras que hayan sido acreditadas por la CONEAU. No se plantea una coincidencia plena, si no se crearía un sistema único que no daría paso a la innovación y a las diferencias propias de cada perfil institucional.

Pese a que las disciplinas participan de la creación de estándares, generando un leguaje común, una apropiación de los sentidos, una mayor sensibilización y conciencia; aún no se considera a la acreditación como un proceso necesario y permanente. Sí se avanzó en la concientización de su importancia. No de forma constante, sino cuando llega el compromiso con la CONEAU. Todavía no existe una oficina y/o comisión que se dedique al seguimiento de los procesos de acreditación.

La Facultad de Ingeniería de la UNICEN es pequeña; muchos docentes han estudiado juntos. Son grupos chicos que generan las condiciones "ideales" para poder discutir, participar y trabajar en equipo. Esta situación se refuerza al quedar la acreditación en manos de las unidades académicas, con poca intervención del rectorado, generando algunos cuadros técnicos que superan la propia evolución del rectorado en estos procesos.

A pesar de los avances, en la UNICEN no hay aún una cultura de evaluación y acreditación. No se han incorporado como prácticas permanentes y no se transfieren experiencia entre las facultades, cuestión que podría contribuir a concientizar sobre los beneficios de estas prácticas. Sí se considera que hay una mayor conciencia de la evaluación que una década atrás. Pero no ha habido una profesionalización de la gestión, con lo cual, cuando se produce un cambio, no se retoman cuestiones sobre la evaluación. Los cambios sustantivos que conllevan los procesos de evaluación y de acreditación requieren técnicos formados en conducción de la universidad, que conecten la acreditación de las unidades académicas con el rectorado para generar políticas desde la universidad y no desde las unidades académicas.[57]

Todos los actores entrevistados sostienen que a pesar de los avances y los logros alcanzados en el desarrollo de ambos procesos, aún existe una falta de maduración en la comunidad académica que permita convertirlos en prácticas incorporadas al quehacer universitario.

6. Conclusiones sobre los casos

En las conclusiones sobre los casos se retoman, desde la mirada de la autora, algunos interrogantes que sirvieron como guía en el proceso de investigación y que fueron elaborados con el fin de responder sobre el impacto de los procesos de evaluación institucional y de acreditación de las carreras de grado del área de Ingeniería en las instituciones de educación superior en Argentina.

Los procesos de evaluación y acreditación han contribuido a crear una incipiente "cultura de la evaluación" a partir de la actitud reflexiva sobre la vida institucional y las carreras. Se han desarrollado planes de mejora que en el caso de la acreditación serán nuevamente evaluados. Se han creado estructuras de gestión que promueven las prácticas (como la Oficina de Evaluación en la Universidad de Belgrano) y se han desarrollado

---

[57]   Entrevista con la Vice- Decana. Ing. Isabel Concepción Ricco-bene.

procesos de recolección de datos con sistemas informáticos adecuados, entre otros.

A pesar de los avances, aún hay cuestiones que deberían reverse, como la autorregulación de las instituciones para el mejoramiento continuo y para transformar la evaluación y acreditación en una práctica cotidiana apropiada. Se considera pertinente diferenciar ambos procesos, ya que las prácticas en su aplicación difieren sustancialmente en el quehacer de las instituciones.

La evaluación, en los casos estudiados, permitió a las universidades ordenar sus datos estadísticos, elaborar planes estratégicos y, en algunos casos, crear estructuras de gestión para el seguimiento de los distintos procesos que contempla la ley.

En ambos casos, a pesar de la elaboración de planes estratégicos, el no tener continuidad frustra una posible discusión sobre qué tipo de universidad se aspira a construir en el mediano y largo plazo.

La evaluación permite a la universidad generar un proceso de reflexión suponiendo la participación de la comunidad académica en la formulación de juicios acerca su calidad. Sin embargo, parecería que la tarea reflexiva se agota en la autoevaluación, siendo la evaluación externa y sus resultados un requisito formal.

Este supuesto se sustenta en la ausencia de segundas evaluaciones. Hasta diciembre de 2011, se habían realizado 80 evaluaciones externas, 39 de universidades nacionales y de 41 privadas. Se encuentran en procesos de evaluación seis instituciones, tres nacionales y tres privadas. De las nacionales, dos están transitando segundas evaluaciones. En ninguno de los casos analizados las instituciones solicitaron segundas evaluaciones a pesar de haber cumplimentado los seis años que exige la ley entre cada una.[58]

Se considera que la evaluación ha sido un proceso simbólico. La información obtenida fue utilizada parcialmente y en la práctica no impulsó cambios institucionales. Al no existir programas de financiamiento para las mejoras ni consecuencias expresas, las instituciones asumen una "burocracia de la evaluación" más que una "cultura de la evaluación". Las universidades aún no se han apropiado de la evaluación como herramienta real de transformación y cambio.

La acreditación de carreras produjo modificaciones sustantivas en los planes de estudio, el cuerpo académico, la investigación y la infraestructura. En su mayoría, se implementaron desde los organismos de gestión, elaboradas a partir de la autoevaluación y del seguimiento de las recomendaciones de los pares evaluadores con

---

[58]   El artículo 44 de la Ley de Educación Superior establece: "Las instituciones universitarias deberán asegurar el funcionamiento de instancias internas de evaluación institucional, que tendrán por objeto analizar los logros y dificultades en el cumplimiento de sus funciones, así como sugerir medidas para su mejoramiento. Las autoevaluaciones se complementarán con evaluaciones externas, que se harán como mínimo cada seis (6) años, en el marco de los objetivos definidos por cada institución. Abarcará las funciones de docencia, investigación y extensión, y en el caso de las instituciones universitarias nacionales, también la gestión institucional. Las evaluaciones externas estarán a cargo de la Comisión Nacional de Evaluación y Acreditación Universitaria o de entidades privadas constituidas con ese fin, conforme se prevé en el artículo 45, en ambos casos con la participación de pares académicos de reconocida competencia. Las recomendaciones para el mejoramiento institucional que surjan de las evaluaciones tendrán carácter público".

el fin de sostener la acreditación una vez transcurridos los tres años.

Podríamos pensar, también para el caso de la acreditación, en la existencia de un mayor desarrollo en la formación de una "cultura de la evaluación", debido a que las carreras han incorporado estructuras de gestión de los procesos, han mejorado sus datos estadísticos, han elaborado planes estratégicos e incorporaron mejoras en los planes de estudio, en la dedicación docente, en las actividades de investigación, en la infraestructura y en su relación con el medio. La importancia del liderazgo es notoria. El impulso en las acreditaciones ha estado estrechamente ligado a las autoridades.

La incorporación de herramientas de gestión posibilitó la sistematización de acreditaciones posteriores. Si bien esta situación es positiva, después de las primeras acreditaciones, en el caso de las carreras que acreditan por tres años, las prácticas posteriores se hacen rutinarias, con menor participación y mayor saturación y desgaste.

Es destacable que la acreditación produce y acelera cambios en las carreras. Si bien podrían considerarse como innovaciones implementadas voluntariamente por las instituciones, en algunas ocasiones las carreras deben adaptarse a la interpretación que la CONEAU y los pares realizan sobre los estándares. Muchas veces, dicha interpretación se corresponde con un modelo de universidad que dista del que impera mayoritariamente en el sistema.

Un caso bastante frecuente se observa con la evaluación de la investigación en las carreras de grado y la lectura que han realizado la CONEAU y los pares evaluadores. Como expresa la ley, las universidades deben desarrollar las funciones de gestión, docencia, investigación y extensión. Sin embargo, parecería haber una fuerte impronta de la investigación en la acreditación de las carreras de grado, no coincidente con el espíritu del artículo 43.

A través del artículo 43, se intenta lograr resguardos necesarios de determinadas profesiones, fijando contenidos curriculares básicos, estándares y criterios sobre la intensidad de la formación práctica necesaria e indispensable para lograr una formación profesional adecuada. Mundet (2002) sostiene, respecto a la acreditación de carreras de grado, que "no está en cuestión la calidad en la oferta educativa, en la que algunos estudios incluyen la investigación como componente insoslayable del proceso, sino la formación profesional".

Este tema necesita una revisión profunda que permita evaluar la calidad de la oferta en donde prevalezca la relevancia de la formación práctica, generadora de riesgo social, en contraposición a un "excelencia científica" basada en la investigación.

La acreditación de ingenierías, en general en el sistema público, ha logrado construir una comunidad académica conectada a redes de conocimiento, innovadora y con liderazgos que impulsan los procesos de cambio. A nivel regional, se destaca la conformación del consorcio proingenierías de las facultades de la provincia, que ha permitido el reconocimiento automático del ciclo básico de las carreras acreditadas por tres años por la CONEAU.

Asimismo, la participación más directa en el CONFEDI y en la discusión de los estándares permitió a las ingenierías un compromiso mayor en la mejora de las carreras, impulsando e implantando cambios de manera progresiva, discutidos con los docentes, que han repercutido en una mayor aceptación de las prácticas de acreditación.

Se considera que la acreditación de carreras de grado ha impactado en las universidades produciendo importantes cambios en torno a la concientización de dichas prácticas y a la construcción de una mayor "cultura de la evaluación". Ha abierto el debate sobre la calidad de las carreras, su perfil y sobre el profesional que requiere la sociedad.

Los mecanismos de financiamiento de las mejoras han colaborado para que las carreras puedan producir las modificaciones para alcanzar los estándares establecidos. Se sostiene que la existencia de consecuencias expresas, como la posibilidad de no acreditar y, por consiguiente, perder la validez de los títulos, y la necesidad de cumplir con los compromisos asumidos para el mejoramiento, ha contribuido a la efectividad de los procesos y a producir reformas institucionales internas.

CAPÍTULO 6
EL IMPACTO DE LOS PROCESOS DE EVALUACIÓN INSTITUCIONAL Y ACREDITACIÓN DE LAS CARRERAS DE GRADO EN LAS UNIVERSIDADES ARGENTINAS

En la Argentina de los años noventa, el Estado tuvo un importante protagonismo en la construcción de las prácticas de evaluación y acreditación universitaria. Su intervención se centró en las mejoras de la calidad institucional.

La práctica de la evaluación surgió del conflicto y la negociación entre los distintos actores del sistema universitario y extrauniversitario. Este conflicto se agudizó por la importancia histórica de la concepción de autonomía universitaria y por falta de políticas públicas estables y continuas.

Pese a ello, la práctica de la acreditación, específicamente de las carreras de grado que comprometen el interés público, respondió a un consenso y un acuerdo con la comunidad disciplinaria, que aceptó las políticas de aseguramiento de la calidad.

La participación de las asociaciones profesionales y de las agrupaciones de decanos en la elaboración y discusión de los estándares permitió involucrar a la comunidad académica en la acreditación de un modo más participativo. La discusión generó consensos no solo en la definición del perfil del profesional, sino también en la necesidad de mejoras en las carreras.

La integración del sistema de educación superior estuvo focalizada en el Estado. En el momento histórico-político, el poder del gobierno era más fuerte que el de las instituciones y, por ende, ellas poseían menores posibilidades de negociación. Las universidades se encontraban en un contexto de normalización, crisis presupuestaria y escasez de fondos para la investigación. Dependían del gobierno. Tampoco tenían mucho poder los ámbitos de gestión de las universidades, en un marco de un sistema complejo, no solo por la variedad de instituciones, sino también por la multiplicidad de organismos de coordinación y toma de decisiones.

Avanzada la aplicación de las políticas en la coordinación del sistema, se produce un giro al eje Estado-oligarquía académica, en donde la última asumió un rol significativo al transformarse en parte de los denominados "cuerpos intermedios de amortiguación", como la CONEAU. Además, se establece una burocracia funcional en el interior de las instituciones, fomentando la institucionalización de las prácticas de evaluación y acreditación. Se crean sectores que se benefician con las nuevas políticas: los funcionarios las llevan adelante en las universidades, los "técnicos en evaluación y acreditación", los "expertos o pares evaluadores" que incorporan parte de la oligarquía académica.

Esta comunidad, creada a partir de la figura de expertos o pares evaluadores, adquiere ciertas características: 1) ciertos privilegios, como la libertad de investigar y de enseñar; 2) ser objeto de una heterogeneidad que atraviesa su tarea, dada por la tensión entre una pertenencia disciplinar versus una pertenencia institucional, y 3) cierta tendencia al conservadurismo dada por un nivel estructural de regulaciones que protegen sus intereses legítimos de los académicos (Clark, 1992).

La oligarquía académica comienza a operar en el espacio de la evaluación y la acreditación, en permanente tensión y confrontación con diversos intereses, elaborando juicios evaluativos cruzados con intereses particulares dados por la pertenencia disciplinar o institucional.

Algunos elementos revelan una orientación hacia el mercado y la academia: la desregulación que se produce en materia de planes de estudio y contenidos, el aporte financiero del Estado según indicadores de calidad y eficiencia, la creación de entes privados de evaluación y acreditación y una mayor competencia entre las instituciones por alumnos, profesores, reputaciones y recursos. En la lógica académica se observa un hincapié sobre la investigación y la carrera académica.

La evaluación y la acreditación, desde sus inicios, han desarrollado un carácter político, como espacios sociales de disputa de valores y de poder, además de técnico y metodológico, que se expresa en negociaciones, acuerdos y conflictos. En este sentido, podemos decir que el conjunto de teorías, conceptos y prácticas vinculadas a la evaluación y la acreditación conforma un campo donde se ponen en juego valores e intereses que posicionan a los actores en distintos lugares respecto de los bienes materiales y simbólicos en disputa. Es en este campo y entre sus actores (gobierno, académicos, empresarios, gestores institucionales, estudiantes) donde se define la agenda de la evaluación y la acreditación, los medios para implementarlas y los logros obtenidos.

La evaluación se desarrolla en un contexto político. Las acciones institucionales y las carreras que se evalúan son producto de decisiones políticas. La evaluación, al llevarse a cabo para colaborar en la toma de decisiones, entra inevitablemente en la arena política y la evaluación en sí misma adopta una postura política, ya que, por su naturaleza, expone de un modo explícito problemáticas, debilidades, legitimidades de objetivos y estrategias de carreras e instituciones.

Las políticas de evaluación no significaron cambios sustantivos en la base del sistema. Las universidades públicas y privadas se las apropiaron, porque resultaban convenientes para lograr determinados objetivos. En algunos casos, permitieron avanzar en cambios que la universidad no puede llevar adelante sola, sin el aval de una mirada externa. En otros, permitieron orientar la gestión y dar una direccionalidad a políticas consensuadas. También fueron una herramienta para acompañar y dar impulso a proyectos decididos por la propia universidad.

Esta tipología sobre la apropiación de la evaluación institucional se vincula con las diferentes tradiciones institucionales y los modelos de gestión. Más allá de casos atípicos,[59] puede observarse que alcanzado cierto equilibrio en el funcionamiento interno en términos de estructuras, intereses de los diferentes grupos y procedimientos, las instituciones intentan preservar el *statu quo* alcanzado. Puede decirse que las instituciones universitarias son "organizaciones conservadoras" por su poca capacidad de generar cambios internos, siendo más proclives a que los cambios profundos provengan de exigencias externas.

Tanto en la Universidad de Belgrano como en la Universidad del Centro de la Provincia de Buenos Aires, la evaluación permitió elaborar planes de desarrollo estratégicos centrados en las mejoras propuestas por los pares evaluadores.

---

[59]   Se consideran casos atípicos las universidades nacionales del Sur y de Cuyo, que se encuentran realizando su tercera evaluación, y las privadas Blas Pascal y la Austral, que han concluido la segunda.

La evaluación permitió cambios en la medida que generó procesos antes inexistentes, como la autoevaluación integral de la institución, pero no replanteos significativos sobre la visión, misión y desarrollo de la institución universitaria. No obstante, tuvo un impacto de mejoramiento en el ordenamiento de los datos, la elaboración de estadísticas y, en algunos casos, la constitución de oficinas o dependencias encargadas del desarrollo, implementación y seguimiento de planes estratégicos. También la autoevaluación logró movilizar a los distintos actores de la comunidad académica, aunque muy acotadamente, ante la necesidad de contacto entre distintas áreas y sectores.

En las universidades del Centro y Belgrano, la autoevaluación sirvió como herramienta para la elaboración de datos y mejora de las estadísticas de la institución. Belgrano creó la Oficina de Seguimiento de Evaluaciones. Se considera que la mirada externa generó una combinación entre cierta reflexibilidad y una adaptación formal.

Los procesos de evaluación en general se desarrollan "de arriba hacia abajo" y solo abarcan a un sector de la comunidad académica, que es el que participa a nivel de la gestión o por un interés particular, aunque en gran medida parecería ser más por obligación que por una conciencia sobre su importancia.

Las universidades en la década de 1990, en un principio, resistieron las políticas públicas impulsadas desde el gobierno, pero al mismo tiempo se adaptaron a través de sus acciones. En Argentina, las condiciones institucionales para la evaluación de las universidades públicas y privadas han dependido en gran medida de dos factores: un impulso externo, en este caso la Ley de Educación Superior, junto con un organismo, la

CONEAU, que implementa las políticas de evaluación pero que armoniza con las necesidades de la gestión y un liderazgo fuerte que maneja las tensiones y negociaciones que surgen.

En las universidades de Belgrano y del Centro, los rectores jugaron un importante rol de liderazgo en la autoevaluación. En ambos casos, el proceso fue centralizado y limitado a un equipo de trabajo, cercano al rector, que contaba con una experiencia previa.

La escasa conciencia de la importancia de estos procesos en la comunidad académica, la ausencia de financiamiento para la implementación de las mejoras y la burocratización a nivel del organismo de aplicación y de las instituciones han creado solo una incipiente "cultura de la evaluación" en las universidades, impidiendo incorporarlos como autodiagnóstico permanente que permita revisar sus objetivos y metas de mejoramiento.

Las evaluaciones institucionales no han alcanzado a generar reformas o cambios con el mismo dinamismo que la acreditación de las carreras. Hasta 2008, la Universidad de Belgrano no había puesto en práctica planes que subsanaran las debilidades detectadas por los pares evaluadores. En la Universidad del Centro, si bien se avanzó en la implementación del Plan de Desarrollo Estratégico, este perdió impulso cuando la gestión entró en conflictos internos. Aunque hubo un intento, en el año 2005, por reformular dicho plan, hasta la actualidad no se ha avanzado en ese sentido.

El posible cierre de una carrera como consecuencia de la no acreditación generó una solución intermedia en la implementación de la acreditación, por la cual una carrera puede acreditar por un tiempo menor con compromisos. De esta manera, una política pensada y basada en el aseguramiento de la calidad se transformó en una estrategia de mejoramiento de la calidad.

La práctica de la acreditación ha sido considerada por la comunidad académica como una experiencia positiva, donde se ha aprendido y concientizado sobre el estado de las carreras y las facultades, sobre sus fortalezas y debilidades. Al existir compromisos con el organismo evaluador, con tiempos establecidos, se han logrado resultados concretos.

Las carreras de Ingeniería, en ambas instituciones estudiadas, han pasado por el primer proceso de acreditación de tres años. Realizaron una segunda acreditación donde se evaluaron los avances. Ambas instituciones concretaron, en mayor o menor medida, sus compromisos, permitiendo así que las carreras se volvieran a acreditar por otros tres años.

Si bien parecería haber una mayor participación, esta se concentra principalmente en la primera convocatoria. Con posterioridad, se requiere una intervención menor, ya que se basa en la puesta en marcha de los compromisos, generalmente asumida por los organismos de gestión, transformada en una práctica burocrática. Con todo, el haber transitado la acreditación y la autoevaluación permite a las autoridades y docentes asumir una mirada más integral de sus fortalezas, debilidades y de las necesidades de mejora.

Se considera que la acreditación tuvo mayor aceptación que la evaluación en la comunidad académica, debido a que dicha comunidad participa activamente en el proceso. Son los propios ingenieros, en este caso, los que determinan y acuerdan los estándares con los cuales se acreditarán las carreras. Estas discusiones y acuerdos garantizan la participación y la inclusión en las problemáticas que se consideran relevantes para la formación de los ingenieros y una mayor conciencia en el ámbito de las carreras sobre la necesidad de llevar adelante estos procesos.[60]

La acreditación ha permitido la articulación horizontal del sistema en relación con las carreras de Ingeniería que se suman a las prácticas de acreditación. Se van generando acuerdos entre distintas instituciones que han pasado por dichos procesos. Estos acuerdos permiten tanto la integración del sistema en su conjunto como la movilidad de alumnos entre las carreras de una misma zona y el reconocimiento de tramos curriculares.[61] Se observa en la comunidad de los ingenieros una consolidación interna enmarcada en un sentimiento de pertenencia a una carrera y a una unidad académica, que se diferencia del resto a raíz de haber transitado la acreditación.

Es posible observar que la acreditación de las carreras ha empezado a generar, en el interior de las universidades, una diferenciación sustantiva entre las carreras que se someten a la acreditación y las que no. Se plasma no solo en una atención particular en la unidad académica, sino también en la acción de la universidad como

---

[60]   La Facultad de Ingeniería de la Universidad del Centro tenía una larga trayectoria en la discusión sobre los planes de estudio de las carreras de Ingeniería, ya que desde el año 1992 participaba en el Consejo Federal de Decanos de Ingeniería (CONFEDI) con la idea de homogeneizar los currículos.

[61]   La Facultad de Ingeniería de la Universidad del Centro integra, junto con las demás facultades de Ingeniería de la provincia de Buenos Aires, el consorcio proingenierías. Este ha acordado el reconocimiento automático, para los alumnos de dichas facultades, del ciclo básico de las ingenierías acreditadas por la CONEAU.

contraparte necesaria para el acceso a financiamientos de las mejoras o en la asignación de fondos específicos para cumplir con los planes acordados.

Esta diferenciación se produce en el interior de las universidades entre las ciencias básicas y las sociales y humanas. Mientras que hacia las primeras la institución se encuentra abocada a cumplir los compromisos y financiar los proyectos de mejora, las segundas profundizan sus dificultades y debilidades.

La acreditación estarían generando disparidades en el interior de las instituciones entre las carreras incorporadas al artículo 43 de la LES y las que aún no se consideran de interés público (contempladas en el artículo 42), o que aún no han elaborado estándares.

Cabría preguntarse si, como impacto no deseado, la acreditación no estaría generando una diferenciación entre las carreras: que son reflexionadas por los académicos de la propia comunidad y por los expertos evaluadores, que permiten la detección de las fortalezas y debilidades y la consecución de planes de mejoras financiadas tanto por la propia universidad, en el caso de las privadas, como por la universidad y el Ministerio a partir de los programas específicos en las públicas. Se trata de ver a las carreras que, hasta el momento, no han sido evaluadas; que tienen un cuerpo docente con bajas dedicaciones, serios problemas de infraestructura; que no acceden a recursos presupuestarios adicionales pero que, paradójicamente, son las que generan la principal masa de egresados del país.

Otro impacto sería sobre instituciones con un tipo de organización que se ha convertido en "federaciones de facultades". La acreditación estaría, en estas estructuras, acentuando esta tendencia de aislamiento entre las unidades académicas, al generar facultades con carreras que acceden a recursos, equipamiento, docentes con formación de posgrado, con dedicaciones exclusivas, con proyectos de investigación. La universidad se encuentra atenta a que esto suceda debido a que la acreditación genera una mayor visibilidad en el conjunto del sistema.

Esta diferenciación entre las unidades académicas, según acrediten o no sus carreras, pone en cuestión la idea de la universidad como un todo. Parecería difícil que la evaluación institucional, que fue el comienzo de las políticas públicas de mejoramiento universitario, pudiera desarrollarse a la par de la acreditación, teniendo en cuenta que la evaluación necesita la articulación de las unidades académicas, que aún no se ha resuelto el eje del financiamiento de las mejoras y que requiere de una movilización que englobe a la comunidad académica.

La acreditación de las carreras de grado estaría derivando en una diferenciación tan importante entre las unidades académicas que haría que la mayoría de las carreras quieran ser incorporadas en el artículo 43 de la LES y transitar la acreditación en busca de calidad, reconocimiento, prestigio y recursos.

Una cuestión que hasta el momento no ha sido eje de discusiones es la real efectividad de la evaluación y de la acreditación teniendo en cuenta los usos del Estado de ambos procesos. El Estado no parece utilizar la evaluación para diseñar políticas sectoriales, ni para la distribución presupuestaria, ni para gestionar el funcionamiento del "mercado universitario". Hasta el momento, pareciera que el énfasis del Estado está orientado a la mejora de las carreras acreditadas por la CONEAU. Esto se refleja en los programas de financiamiento de la SPU para las universidades nacionales, formulados a tal efecto (PROMEI I y II, PROMAGRO, PROMFYB, PROMVET, PROMARQ, PROME, PROMOD y PROFORZ). Mientras que no existen programas específicos tendientes a alcanzar las necesarias transformaciones que la evaluación revela.

No hay duda de que tanto la evaluación como la acreditación devinieron en mejoras sustantivas para el conjunto de las instituciones universitarias. Entre ellas, se destaca el ordenamiento de los datos, la elaboración de estadísticas, la comunicación entre las distintas áreas, la concientización de los problemas de las instituciones y de las carreras y, en la mayoría de los casos, la posibilidad de desarrollar planes de mejora.

No obstante, aún quedan cuestiones por definir respecto al financiamiento de las mejoras, sobre todo en la evaluación, la mirada de los pares sobre la aplicación de los estándares, el desgaste de la acreditación constante, la participación de los actores universitarios, la conciencia del seguimiento como actividad permanente, la articulación en el interior de la instituciones de ambos procesos y la diferenciación que está surgiendo entre las carreras de interés público que atraviesan la acreditación y las que no.

Siguiendo este razonamiento, deberíamos preguntarnos si la implementación de las políticas de evaluación y acreditación, producto de debates y controversias, requiere una retroalimentación que articule resultados comunes que podrían estar señalando debilidades más propias del sistema universitario que de cada una de las instituciones, y permitan diseñar estrategias de superación.

A MODO DE CONCLUSIONES.
NUEVOS ESCENARIOS E INCERTIDUMBRES

Las políticas en educación superior viraron en los años noventa hacia la calidad y el mejoramiento de instituciones y carreras como centro de la gestión. A principios de la década, el debate estaba centrado en cuatro temas principales:

1. La diferenciación y diversificación de los sistemas de educación superior.
2. El desarrollo del sector privado.
3. El financiamiento diversificado.
4. Un nuevo contrato entre el sistema y el gobierno.

La implementación de las políticas fue llevada adelante por la instancia de coordinación creada por la Ley de Educación Superior: la CONEAU. Se concretó en experiencias aisladas de autoevaluación institucional, seguidas de evaluaciones externas; y por la institucionalización de la evaluación de la calidad y de la acreditación de grado y posgrado.

La experiencia acumulada en evaluación ha sido producto de acuerdos entre las instituciones y la CONEAU, permitiendo formular un diagnóstico de las instituciones evaluadas y una serie de mejoras de los aspectos organizativos formales más que cambios sustantivos. Esto se daría por la ausencia de consecuencias expresas una vez recibidos los informes de evaluación, y por la inexistencia de financiamiento para la implementación de las mejoras.

La acreditación de las carreras de grado produjo una situación inversa a la evaluación. La acreditación aceleró los procesos de cambio en las carreras por la necesidad de cumplir con el estándar. Se convirtió en una herramienta para la planificación y la gestión en las instituciones. Estos impulsos de mejora partirían de tres cuestiones: su carácter punitivo, su continuidad obligatoria (la mayoría de las carreras han acreditado por tres años, con compromisos a cumplir) y la posibilidad de financiamiento a las universidades nacionales para el cumplimiento de los compromisos.

En este sentido, se considera como un efecto no deseado que la práctica de la acreditación ha absorbido a la de la evaluación. Las instituciones y sus organismos de gestión se hallan más comprometidos en la acreditación de carreras que en la evaluación institucional.

Sin embargo, un logro importante desde la implementación de la evaluación y la acreditación es una incipiente "cultura de la evaluación", una aceptación de dichas prácticas por los actores del sistema.

Un problema creciente que se observa en los procesos de evaluación y acreditación es el trabajo de los comités de pares evaluadores, que ha generado conflictos con las instituciones y carreras relacionados con interpretaciones subjetivas que dificultan aplicaciones homogéneas para casos similares. Paralelamente, se observa la ausencia de un reconocimiento de la diversidad institucional. Se evalúa al conjunto del sector universitario con los patrones de la universidad pública, a pesar de su franco deterioro en varias unidades académicas, de su baja tasa de graduación, de sus altas tasas de desgranamiento, de la ausencia de políticas de investigación, de concursos docentes y de gestiones basadas más en políticas más partidarias que académicas. Esta situación se advierte tanto en las posturas del organismo evaluador como en los informes de los comités de pares evaluadores.

En este sentido, quien no se adecue a dichos patrones, aun cuando, por ejemplo, cumpla con eficiencia y calidad con la función de formar buenos profesionales, se verá obligado a tratar de parecer lo que realmente no es, pudiendo incluso perjudicar la labor aceptable que venía realizando hasta el presente (García de Fanelli, 2000).

Sería necesario que la CONEAU promueva la formación de los pares evaluadores, coordinando las diversas fases de la evaluación y acreditación, que impida la generación de juicios de evaluación subjetivos basados en posturas personalistas no vinculados con los propósitos y estándares del aseguramiento de la calidad.

La evaluación y acreditación como regulación y aseguramiento de la calidad se tradujo en prácticas supuestamente objetivas, apoyadas en instrumentos que pretenden convertir la evaluación en búsqueda de datos o indicadores mensurables, y a los evaluadores en estrictamente neutrales. Al respecto, Guy Neave (2001) habla de una "instrumentalidad abrumadora" tendiente a inducir a los académicos a cumplir con los objetivos, las metas y los fines de los dirigentes. Esta visión del "cómo" evaluar es diferente de concebir a la evaluación como "un proceso amplio de conocimiento, interpretación, atribución de juicios de valor, organización e instauración de acciones y metas para el mejoramiento y el cumplimiento de las finalidades públicas y sociales de las instituciones" (Diaz Sobrinho, 2003).

Un problema devenido de la incorporación de las carreras de ciencias básicas y tecnológicas al artículo

43 es la diferenciación que la acreditación provoca en el interior de las facultades y/o unidades académicas.

El acceso a fondos competitivos para financiar las mejoras y los compromisos de las carreras acreditadas, en universidades nacionales, o las partidas presupuestarias que deben destinar las universidades privadas, genera disparidades en términos de "mejoramiento de la calidad" en las carreras comprometidas en el artículo 42 que no requieren procesos de acreditación, como son las ciencias sociales y humanidades. En estas últimas, las políticas públicas no parecerían estar diseñadas para estimular o crear espacios de calidad, sino para acentuar su menor calidad en términos académicos e institucionales.

La acreditación tiende a otorgar un mayor peso a ciertas actividades sobre otras. Esto podría tergiversar el sentido del artículo 43, que establece estándares sobre competencias profesionales que resguarden a la sociedad. Los académicos responden maximizando sus objetivos de elevar su nivel de ingresos y su prestigio volcándose a funciones que, de acuerdo con instancias de evaluación y categorización, otorgan mayor puntaje. Teniendo en cuenta los instrumentos de la acreditación y la ponderación que los pares evaluadores hacen de su lectura, parecería más conveniente escribir artículos cortos para publicarlos en revistas con arbitraje y asistir a conferencias internacionales prestigiosas que destinar tiempo a la docencia de grado o a proyectos de investigación de largo plazo (García de Fanelli, 2000).

Como hemos observado, existen cuestiones que generan escenarios de incertidumbre en las políticas de educación superior. La principal reside en una evaluación de la calidad y la efectividad de los procesos implementados –más allá de la incipiente "cultura de la evaluación"–, del ordenamiento de datos y de la aceptación de las políticas de evaluación institucional y acreditación de carreras de grado y posgrado en la comunidad universitaria.

Podríamos dejar planteados algunos interrogantes que sirvan como disparador de futuras reflexiones sobre la nueva agenda de la educación superior:

1. ¿Se está mejorando la calidad de la educación universitaria? ¿En qué sentido?
2. En relación con la evaluación institucional, ¿qué, cómo y para qué se evalúa, teniendo en cuenta la experiencia acumulada en 18 años desde la aplicación sistemática de la evaluación en las instituciones públicas y privadas?
3. ¿Cultura de la evaluación o burocracia de la evaluación? ¿Cómo se genera una cultura de la evaluación sostenible?
4. ¿Cómo se replantea la evaluación institucional de modo que se convierta en una práctica necesaria para el mejoramiento de la calidad y no en un cumplimiento burocrático de la ley?

En relación con la acreditación de las carreras de grado, se plantean las siguientes cuestiones:

1. ¿Cómo solucionar las diferencias que se van generando en el interior de las facultades y/o unidades académicas entre las carreras contempladas en los artículos 42 y 43?
2. ¿Cómo se plantea la acreditación de modo que no se transforme en rutinaria cada tres años?

3. ¿Cómo se acreditan los campos disciplinarios que se gestionan a partir de la semipresencialidad o virtualidad?
4. ¿Cómo se acreditan las carreras articuladas en los ciclos de complementación?
5. ¿Cómo se sustentará la acreditación de las carreras de grado sin una restricción a su incorporación en el artículo 43?

Teniendo en cuenta algunos de estos planteos, resta considerar el papel que deberá jugar la CONEAU en la implementación de la evaluación. Se pueden retomar los puntos que demandaron la atención de los pares evaluadores en noviembre de 2007, en el informe de evaluación externa de la CONEAU. El informe realizado por el Instituto para la Educación Superior de América Latina y el Caribe (IESALC) sostenía lo siguiente:

1. La posible sobrecarga que genera para la CONEAU la creciente demanda de acreditaciones y sus revisiones cíclicas puede conducir no solo al retraso ya presente en los dictámenes, sino también y más importante aún, a una acción rutinaria de los pares o a una evaluación "en papel" sin contacto real con las instituciones y, en consecuencia, a la trivialización de las evaluaciones.
2. La influencia que la limitada estructura, organización e infraestructura (áreas de responsabilidad, mecanismos de comunicación y flujos de información internos, formas alternativas de contrato, oficinas y espacios físicos de trabajo y de documentación, equipo de procesamiento, almacenamiento y transmisión de información) de la CONEAU puedan tener en la dinámica organizacional y en la comunicación

interna, favoreciendo o entorpeciendo la consolidación de su equipo técnico y la capacidad e impacto de su acción evaluadora.

3. La percepción que tienen algunos sectores de que prevalece una sola visión –universitaria y excesivamente academicista– de la educación superior, y en particular del posgrado, que va en contra de la diversificación, flexibilidad y plasticidad de las carreras, la formación profesional, los posgrados, la docencia y el aprendizaje.

4. La dificultad para integrar coherente y constructivamente la evaluación con la acreditación, así como para precisar y delimitar clara y eficazmente los traslapes que algunos perciben entre las acciones de la CONEAU y las de otros estamentos gubernamentales.

5. Los mecanismos para integrar, aprovechar y difundir la información y experiencias derivadas de las evaluaciones y acreditaciones, con los datos y los aspectos de la educación superior de las propias universidades y del MECyT, a fin de que sean útiles para el análisis, la reflexión y la toma de decisiones y para que la sociedad esté mejor informada.

Después de aproximadamente 18 años de ejecución tanto de la evaluación institucional como de la acreditación, estamos frente a la necesidad de rediscutir las políticas universitarias para una comprensión más profunda de las características y estilos organizacionales de la universidad argentina. Se advierte que muchas de las políticas dirigidas a la universidad se fundan en diagnósticos generales que no tienen en cuenta la particularidad de un sistema integrado por distintos tipos de instituciones. Esta situación ha impedido reconocer las diversas culturas organizacionales que orientan la práctica de los actores. Esta visión lineal y acotada ha imposibilitado observar la complejidad de las instituciones redundando en reformas educativas formales que ponen en duda la efectividad de los procesos de evaluación y acreditación.

REFERENCIAS BIBLIOGRÁFICAS

Aguilar Cabrera, Vistremundo (2004), "El concepto de calidad en la educación universitaria: clave para el logro de la competitividad institucional", en *Revista Iberoamericana de Educación*, núm. 35. ISSN: 1681-5653.

Altbach, Philip (2001), *Educación superior comparada,* España, Cátedra UNESCO/Universidad de Palermo.

Altbach, Philip y McGill Peterson, Patti (2000), *Educación Superior en el siglo XXI. Desafío global y respuesta nacional,* Buenos Aires, Biblos.

Álvarez, Sonia (1992), "Evaluación de la calidad como alternativa para la transformación de las universidades: el caso de la Argentina", en *IGLU Revista Interamericana de Gestión Universitaria,* núm. 3.

Baldridge, Víctor *et al.* (1986), "Alternative Models of Govermance in Higher Education", en *Ashe Reader on Organization and Govermance in Higher Education,* San Francisco, Editor Marvin Peterson, Gin Press.

Bourdieu, Pierre (1984), *Homo Academicus*, París, Les Éditions de Minuit.

Bricall, M. Josep (2005), *Gobierno y administración de las universidades*, entrevista para "Conversando con directivos universitarios", Universia y COLUMBUS.

Brunner, Joaquín (1990), *Educación superior en América Latina: cambios y desafíos,* Santiago de Chile, Fondo de Cultura Económica.

Brunner, Joaquín (1994), "Educación superior en América Latina: coordinación, financiamiento y evaluación", en Marquis, Carlos (comp.), *Evaluación universitaria en el MERCOSUR,* Buenos Aires, Ministerio de Cultura y Educación, Secretaría de Políticas Universitarias.

Brunner, Joaquín (1997), "Educación superior, integración económica y globalización", en *Perfiles Educativos,* núm. 76-77, pp. 6-16.

Brunner, Joaquín (2000), "Educación Superior en América Latina: una agenda de problemas, políticas y debates en el umbral del 2000", en *Educación superior en América Latina: una agenda de problemas, políticas y debates en el umbral del año 2000,* Buenos Aires, Centro de Estudios de Estado y Sociedad. Consultado el 3 de noviembre de 2008.

Brunner, Joaquín (2007), *Universidad y sociedad en América Latina,* México DF, Biblioteca Digital de Investigación Educativa Universidad Veracruzana, Instituto de Investigaciones en Educación.

Brunner, José Joaquín y Uribe, Daniel (2007), "Mercados universitarios: el nuevo escenario de la Educación Superior", Informe Final de Proyecto FONDECYT N° 1050138, Santiago de Chile.

Buchbinder Pablo (1999), *Historia de las universidades de América Latina,* México DF, Colección UDAL.

Camou, Antonio (2002), "Reformas estatales de 'segunda generación' y reformas universitarias en la Argentina actual (o de por qué es más fácil privatizar una línea aérea que una universidad", en Pedro Krotsch (org.), *La universidad cautiva. Legados, marcas y horizontes,* La Plata, Ediciones al Margen, Colección Diagonios.

Carlino, Florencia y Mollis, Marcela (1997), "Políticas internacionales, gubernamentales e interinstitucionales de evaluación universitaria. Del Banco Mundial al CIN", en *Revista del Instituto de Investigaciones en Ciencias de la Educación,* año VI, núm. 10, pp. 22-36, Buenos Aires, Miño y Dávila.

Castro, Javier (2003), "Fondos competitivos y cambio académico e institucional en las universidades públicas argentinas. El caso del Fondo para el Mejoramiento de la Calidad Universitaria (FOMEC)", Documento de Trabajo núm. 110, Buenos Aires, Universidad de Belgrano.

Chetty, S. (1996), "The Case Study Method for Research in Small –and Médium– Sized Firms", en *International Small Business Journal*, vol. 5, octubre-diciembre.

Chianacone Castro, A. y Martínez Larrechea, E. (2005), "Evaluación y acreditación en la educación superior: un estudio comparado de América Latina y de Europa". Primer Congreso Nacional de Estudios Comparados en Educación, Sociedad Argentina de Estudios Comparados en Educación, Montevideo, Uruguay.

Clark, Burton (1992), *El sistema de educación superior,* México DF, Nueva Imagen.

Comisión Nacional de Evaluación de la Educación Superior (1990), *Lineamientos generales y estrategia para evaluar la educación superior,* México DF.

Comisión Nacional de Evaluación y Acreditación Universitaria (1997), *Lineamientos para la Evaluación Institucional,* Buenos Aires, Argentina.

Comisión Nacional de Evaluación y Acreditación Universitaria (1997), *El sistema de acreditación en Estados Unidos: la acreditación institucional y la acreditación de programas. El papel del Council for Higher Education (CHAE) y de la Secretaría de Estado.*

Comisión Nacional de Evaluación y Acreditación Universitaria (2008), "Introducción a la formación de técnicos en evaluación y acreditación universitaria", material entregado en el Curso Nacional de Actualización Profesional.

Comisión Nacional de Evaluación y Acreditación Universitaria (2012), *La CONEAU y el sistema universitario argentino. Memoria 1996-2011*, Buenos Aires.

Comissào Nacional de Avaliacào (1993), *Documento Básico Avaliaçao das Universidades Brasileiras. Uma proposta nacional*, Brasilia, Paiub.

Comité National d'Évaluation (2003), *Bulletin núm. 38*, noviembre de 2003.

Conferencia Mundial sobre la Educación Superior (1998), *La educación superior en el siglo XXI*, París, UNESCO, 5-9 de octubre de 1998.

Conferencia Regional sobre Políticas y Estrategias para la Transformación de la Educación Superior en América Latina y el Caribe, realizada en La Habana en 1996.

Cook, Charles (2002), "La experiencia norteamericana en acreditación de la educación superior", conferencia sobre la evaluación de las universidades: experiencias y consecuencias, Buenos Aires, Argentina.

Coraggio, José Luis (2001), "La crisis y las universidades públicas en Argentina", en Marcela Mollis, *Las universidades en América Latina: ¿reformadas o alteradas?. La cosmética del poder financiero*, Buenos Aires, CLACSO, Consejo Latinoamericano de Ciencias Sociales. ISBN: 950-9231-84-3.

Cox, Cristian y Courad, Hernán (1990), "Autoridades y gobierno en la universidad chilena 1950-1989.

Categorías y desarrollo histórico", en Cristian Cox (ed.), *Formas de gobierno en la educación superior: nuevas perspectivas,* Santiago de Chile, Colección Foro de la Educación Superior.

Crozier, Michel y Friedberg, Erhard (1990), *El actor y el sistema. Las restricciones de la acción colectiva,* México DF, Alianza.

De Vries, Wietse (1999), "Las paradojas de la evaluación en México", en *Pensamiento Universitario,* núm. 8, pp. 14-26.

Del Bello, Juan Carlos (1993), "Relaciones entre el Estado y la Universidad", en *Pensamiento Universitario,* año 1, núm. 1, pp. 41-45.

Del Bello, Juan Carlos (2004), "Propuesta de agenda de política universitaria para el período 2004/2010", en Carlos Marquis (comp.), *La agenda universitaria. Propuestas de políticas públicas para la Argentina,* Buenos Aires, Colección Educación Superior, Universidad de Palermo.

Del Bello, Juan Carlos; Barsky, Osvaldo y Giménez, Graciela (2007), *La universidad privada argentina,* Buenos Aires, Libros del Zorzal.

Díaz Barriga, Ángel, (1994), "Calidad de la educación", en *Revista Iberoamericana de Educación. Organización de Estados Iberoamericanos (OEI),* núm. 5, pp. 2-22.

Diaz Sobrinho, José (2003), "Avaliacao da Educacao Superior. Regulacao e emancipação", en *RAIES,* vol. 8, núm. 2.

Diaz Sobrinho, José (2005), "Evaluación y reformas de la educación superior en América Latina", en *Perfiles Educativos,* vol. 27, núm. 108. ISSN 0185-2698.

Eisenhardt, Kathleen. M. (1989), "Building Theories from Case Study Research", *Academy of Management Review*, 14, 4, pp. 532-550.

Fernández Lamarra, Norberto (2003), *Evaluación y acreditación en la educación superior argentina*, Buenos Aires, IESAL/UNESCO.

Follari, Roberto; Tedesco, Juan Carlos y Weisman, Carlos (1999), "Problemas actuales y futuros de la universidad argentina", en *Revista Pensamiento Universitario*, año 6, núm. 8, pp. 85-100.

Gallart, María Antonia (1993), "La integración de métodos y la metodología cualitativa. Una reflexión desde la práctica de la investigación", en Forni, Gallart, Vasilachis de Gialdino (1993), *Métodos cualitativos II. La práctica de la investigación*, Buenos Aires, Centro Editor de América Latina.

García de Fanelli, Ana María (1997), "Las nuevas universidades de conurbano bonaerense: misión, demanda externa y construcción de un mercado académico", documento CEDES núm. 117, Buenos Aires, Serie Educación Superior.

García de Fanelli, Ana María (1998), *Gestión de las Universidades públicas: la experiencia internacional*, Buenos Aires: Ministerio de Cultura y Educación. Secretaría de Políticas Universitarias. Serie Nuevas Tendencias.

García de Fanelli, Ana María (2000), "Transformaciones en la política de educación superior argentina en los años noventa", en *Revista de la Educación Superior en Línea*, núm. 114.

García Guadilla, Carmen (1997), *El valor de la pertinencia en las dinámicas de transformación de la educación superior en América Latina,* Caracas, Ediciones CRESALC/UNESCO.

García Guadilla, Carmen (2001), "Balance de la década de los noventa y reflexiones sobre las nuevas fuerzas de cambio en la educación superior argentina", en Marcela Mollis, *Las universidades en América Latina: ¿reformadas o alteradas? La cosmética del poder financiero,* Buenos Aires, CLACSO, Consejo Latinoamericano de Ciencias Sociales. ISBN: 950-9231-84-3.

García Guadilla, Carmen (2002), *Tensiones y transiciones. Educación superior latinoamericana en los albores del tercer milenio,* Caracas, Cendes/Nueva Sociedad.

Ginés Mora, José y Fernández Lamarra, Norberto (2005), "Educación Superior. Convergencia entre América Latina y Europa. Procesos de Evaluación y Acreditación de la Calidad", proyecto ALFA ACRO.

Glaser, B. G. y Strauss, A. L. (1967), *The Discovery of Grounded Theory: Strategies for Qualitative Research,* Chicago, Aldine.

González, Luis Eduardo (2001), "Acreditación y fomento de la calidad. La experiencia chilena de las últimas décadas", en Marcela Mollis, *Las universidades en América Latina: ¿reformadas o alteradas?. La cosmética del poder financiero,* Buenos Aires, CLACSO, Consejo Latinoamericano de Ciencias Sociales. ISBN: 950-9231-84-3.

Guaglianone, Ariadna Laura (2010), "Políticas públicas de evaluación y acreditación en las universidades argentinas: el caso de la Universidad Nacional del Centro de la Provincia de Buenos Aires y de la Universidad de Belgrano", tesis de Doctorado,

Buenos Aires, Facultad Latinoamericana de Ciencias Sociales (FLACSO).

Harris, Nick (2003), "El Proyecto de Evaluación Transeuropeo (TEEP)", UEALC: Seminario Internacional: Evaluación y Acreditación de la Enseñanza Superior, Madrid, ANECA, 3-5 de febrero de 2003.

Hulshof, Marian; Van Welie, Liesbeth y De Wi Hans (2005), *Los Países Bajos: garantía de la calidad, el camino desde la evaluación hasta la acreditación 1985-2004*, s/d.

Kells, Herbert (1993), *Higher Educational Policy*, Londres, Jessica Kingsley Publishers.

Kells, Herbert (1997), *Procesos de Autoevaluación: Una guía para la autoevaluación en la educación superior*, Lima, Pontificia Universidad Católica del Perú, Fondo Editorial.

Kent, Rollin (1990), *Modernización conservadora y crisis académica en la UNAM*, México DF, Nueva Imagen.

Krotsch, Pedro (2001), *Educación superior y reformas comparadas*, Buenos Aires, Universidad Nacional de Quilmes.

Krotsch, Pedro (2005), *La evaluación de la calidad en la Argentina: la necesidad de un análisis centrado en el poder y el conflicto*, Buenos Aires, Instituto de Investigaciones Gino Germani.

Krotsch, Pedro y Puiggrós, Adriana (comps.) (1994), *Universidad y Evaluación*, Buenos Aires, Aique Rei Ideas.

Leite, Denise (2001), "Avaliação e democracia: possibilidades contra-hegemônicas ao redesenho capitalista das universidades", en Marcela Mollis, *Las universidades en América Latina: ¿reformadas o alteradas?*

La cosmética del poder financiero, Buenos Aires, CLACSO, Consejo Latinoamericano de Ciencias Sociales. ISBN: 950-9231-84-3.

López Segrera, Francisco (2001), "El impacto de la globalización y de las políticas educativas en los sistemas de educación superior de América Latina y el Caribe", en Marcela Mollis, Las universidades en América Latina: ¿reformadas o alteradas? La cosmética del poder financiero, Buenos Aires, CLACSO, Consejo Latinoamericano de Ciencias Sociales. ISBN: 950-9231-84-3.

Márquez, Ángel Diego y Marquina, Mónica (1997), "Evaluación, Acreditación, Reconocimiento de Títulos, Acreditación. Enfoque comparado". Disponible en línea: *CONEAU.*

Marquis, Carlos (1996), conferencia de la UNESCO, citado en Sánchez Martínez, Eduardo, "La evaluación de las instituciones universitarias, Estado de la cuestión", en *Universidades. Gestión y evaluación de la calidad universitaria,* Buenos Aires, Unión Industrial.

Marquis, Carlos (comp.) (1995). "Evaluación universitaria", Memorias del II Taller sobre Experiencias de Evaluación Universitaria, Buenos Aires, Ministerio de Cultura y Educación, Secretaría de Políticas Universitarias.

Marquis, Carlos y Sigal, Víctor (1993), *Evaluación para el mejoramiento de la calidad universitaria. Estrategias, procedimientos e instrumentos,* s/d.

Martínez Carazo, Piedad Cristina (2006), "El método de estudio de caso. Estrategia metodológica de la investigación científica", en *Pensamiento y gestión,* núm. 20, Universidad del Norte, pp. 165-193.

Mignone, Emilio (1992), *Calidad y evaluación universitaria*, Buenos Aires, Ministerio de Cultura y Educación, Secretaría de Educación, Programa Nacional de Asistencia Técnica para la Administración de los Servicios Sociales en la República Argentina (PRONATASS).

Mignone, Emilio (1995), "Educación en los '90: el desafío de la calidad, la pertinencia, la eficacia y la equidad", en *Boletín de la Academia Nacional de Educación*, núm. 19, pp. 4-15.

Mintzberg, Henry (1992), *Diseño de organizaciones eficientes*, Buenos Aires, El Ateneo.

Mollis, Marcela (1990), *Universidades y estado nacional. Argentina y Japón 1885-1930*, Buenos Aires, Biblos.

Mollis, M. (1994), "Crisis, calidad y evaluación en las universidades. Temas para el debate", en *Universidad y Evaluación. El estado del debate*, Buenos Aires, Aique Press.

Mollis, Marcela (2000), "La evaluación de la calidad universitaria en Argentina", Seminario-taller regional de gestión, evaluación y acreditación, Buenos Aires: IES-IESALC-FLACSO-OEI-IIEP.

Mollis, Marcela (2003), "Un breve diagnóstico de las universidades argentinas: identidades alteradas", en Mollis, M. (comp.), *Las universidades en América Latina: ¿reformadas o alteradas?*, Buenos Aires, CLACSO.

Mollis, Marcela y Bensimon, E. (2000), "Crisis, calidad y evaluación de la educación superior desde una perspectiva comparada: Argentina y Estados Unidos", Seminario-taller regional de gestión, evaluación y acreditación, Buenos Aires: IES-IESALC-FLACSO-OEI-IIEP.

Mundet, Eduardo (2002), "El artículo 43 de la Ley 24.521: pautas para la interpretación y aplicación de la norma", Mimeo, Secretaría de Políticas Universitarias.

Musselin, Cristine (2001), *La longue marche des universités francaises*, París, PUF.

Naishtat, Francisco (2004), "La necesidad de un debate crítico", *La Nación*.

Neave, Guy (1990), "La educación superior bajo la evaluación estatal: tendencias en Europa Occidental", en *Universidad Futura UAM*, vol. 2, núm. 5.

Neave, Guy (2001), *Educación Superior: historia y política. Estudios comparativos sobre la universidad contemporánea*. Barcelona: Gedisa

Neave y Van Vught, (1994), *Prometeo Encadenado: Estado y Educación Superior en europa*. Barcelona: Gedisa

Owen, John M. (2003), "Evaluation Culture: a Definition and Análisis of its Development within Organisationes", *Evaluation Journal of Australasia*.

Peón, César (1999), *Criterios y procedimientos para la evaluación Institucional*, Buenos Aires, Comisión Nacional de Evaluación y Acreditación Universitaria (CONEAU).

Peón, César y Pugliese, Juan Carlos (2003), "Análisis de los antecedentes, criterios y procedimientos para la evaluación institucional universitaria en la Argentina 1996/2002", documento de trabajo núm. 101, Buenos Aires, Universidad de Belgrano.

Pérez Lindo, Augusto (1993), *Teoría y evaluación de la educación superior*, Buenos Aires, Aique.

Pérez Rasetti, Carlos (2004), *La acreditación y la formación de los ingenieros en la Argentina*, Buenos Aires, Comisión Nacional de Acreditación Universitaria (CONEAU).

Programa de Doctorado en Ciencias Sociales (2006), Seminario "Estrategias de Investigación Cualitativa en Ciencias Sociales", profesor Pablo Forni, Buenos Aires, Facultad Latinoamericana de Ciencias Sociales, FLACSO.

Pugliese, Juan Carlos (ed.) (2003), *Políticas de Estado para la Universidad Argentina. Balance de una gestión en el nuevo contexto nacional e internacional,* s/d.

Quality Culture in European Universities: a Bottom-Up Approach (2006), *Report on the Three Rounds of the Quality Culture Project 2002-2006,* EUA Publications.

Randall, John (2004), "Desafíos nacionales e internacionales al proceso de acreditación", en *Calidad en Medicina,* Buenos Aires, CIFAM.

Ristoff, Dilvo (2003), "Avaliaçao institucional: pensando principios", en Balzan, N. C. y Diaz Sobrinho (orgs.), San Pablo, Cortez Editora.

Rodríguez Ostria, Gustavo y Weise, Crista (2001), "Bolivia: ¿de la omisión a la política de reforma?", en Marcela Mollis, *Las universidades en América Latina: ¿reformadas o alteradas? La cosmética del poder financiero,* Buenos Aires, CLACSO, Consejo Latinoamericano de Ciencias Sociales. ISBN: 950-9231-84-3.

Sánchez Martínez, Eduardo (ed.) (1999), *La educación superior en la Argentina. Transformaciones, debates, desafíos.*

Schein, Edgar (1998), *La cultura empresarial y el liderazgo,* Barcelona, Plaza y Janés.

Sedgwick, S. (1994), "Towards an Evaluative Culture: Making Performance Count", en *Evaluation News and Comment,* s/d.

Strauss, Anselm y Corbin, Juliet (1990), *Basics of Qualitative Research: Grounded Theory Procedures and Techniques*, EUA, Newbury Park.

Stubrin, Adolfo (2002), *Una agenda de política pública en la educación superior de la Argentina*, Santa Fe, s/d.

Stubrin, Adolfo (s/d), "Una encrucijada interpretativa acerca de la acreditación de las carreras de grado", documento CONEAU, Buenos Aires.

Suasnábar, Claudio (2001), "Resistencia, cambio y adaptación en las universidades argentinas: problemas conceptuales y tendencias emergentes en el gobierno y la gestión académica", en *Revista Brasileira de Educaç⊠o*, núm. 17, pp. 50-62.

Tedesco, Juan Carlos (2000), *Educar en la Sociedad del conocimiento*, Buenos Aires. Fondo de Cultura Económica de Argentina.

Toribio, Daniel (1999), "La evaluación de la estructura académica". Disponible en línea: http://www.coneau.gov.ar/index.php. Consultado el 12 de mayo de 2006.

Toscano, Ariel R. (2005), "Análisis exploratorio de los efectos del FOMEC y la CONEAU en las universidades argentinas: ¿erosión de la frontera entre lo público y lo privado?", en *Espacio público y privatización del conocimiento. Estudios sobre políticas universitarias en América Latina*, Buenos Aires, CLACSO, Consejo Latinoamericano de Ciencias Sociales.

Tünnermann Bernheim, Carlos (2003), *La universidad ante los restos del siglo XXI*, México DF, Universidad Autónoma de Yucatán.

Tünnermann Bernheim, Carlos (2005), *La autonomía universitaria frente al mundo globalizado,* Santo Domingo, República Dominicana, s/d.

Van Vught, Frans A. (1996), "Evaluación de la calidad de la educación superior: el próximo paso", en *Cuadernos Ascun,* núm. 2, Bogotá, Asociación Colombiana de Universidades.

Villanueva, Ernesto (2007), "Construcción de sistemas de evaluación y acreditación en América Latina", Simposio Nacional de Evaluación de Evaluación y Acreditación en la Educación Superior Nicaragüense, Managua, Nicaragüa.

Villareal, E. (2000), "Innovación, organización y gobierno en las universidades españolas", citado por Víctor Manuel Gómez, Carlos H. Forero y Xiomara Zarur.

Weber, Max (1969), *Economía y Sociedad. Esbozo de sociología comprensiva,* tomo I, México DF, Fondo de Cultura Económica.

Weick, Karl (1986), "Educational organizations as loosly coupled systems", *Ashe Reader on Organization and Govermance in Higher Education,* Editor Marvin Peterson, Gin Press.

Wiestes de Vries (1999), "Las paradojas de la evaluación en México", en *Pensamiento Universitario,* núm. 14, pp. 14-26.

Yin, R. K. (1993), "Applications of Case Study Research", en *Applied Social Research Methods Series,* vol. 34, Newbury Park, CA, Sage.

Yin, R. K. (1994), "Case Study Research-Design and Methods", en *Applied Social Research Methods,* vol. 5, 2ª ed., Newbury Park, CA, Sage.

Fuentes

http://www.coneau.edu.ar
http://www.cin.edu.ar
http://www.me.gov.ar/spu
http://www.cne-evaluation.fr
http://abet.ba.md.us
http://www.columbus-web.com
Entrevista personal al Arquitecto Víctor Sigal, noviembre de 2008.
Entrevista personal al Lic. Ernesto Villanueva, marzo de 2009.
Banco Mundial (1999), "La enseñanza superior. Las lecciones derivadas de la experiencia", Washington DC.
Consejo Interuniversitario Nacional (CIN) (1992), Acuerdo Plenario núm. 50, "Evaluación de la calidad universitaria".
Consejo Interuniversitario Nacional (CIN) (1992), Acuerdo Plenario núm. 39, "Auspicio del primer encuentro interunversitario nacional sobre evaluación de la calidad".
Consejo Interuniversitario Nacional (CIN) (1992), Acuerdo Plenario núm. 75, "Evaluación de la calidad".
Consejo Interuniversitario Nacional (CIN) (1993), Acuerdo Plenario núm. 97, "Informe final del Subproyecto 06".
Consejo Interuniversitario Nacional (CIN) (1993), Acuerdo Plenario núm. 98, "Evaluación y mejoramiento de la calidad".
Consejo Interuniversitario Nacional (CIN) (1994), Acuerdo Plenario núm. 133, "Documento básico de evaluación de la calidad".

Consejo Interuniversitario Nacional (CIN) (1994), Acuerdo Plenario núm. 135, "Encuentros nacionales de evaluación de la calidad".

Consejo Interuniversitario Nacional (CIN) (1994), Acuerdo Plenario núm. 140, "Proyecto de Ley de Educación Superior".

Consejo Interuniversitario Nacional (CIN) (1994), Acuerdo Plenario núm. 144, "Ley de Educación Superior".

INFOMEC: BOLETÍN INFORMÁTIVO DEL FONDO PARA EL MEJORAMIENTO DE LA CALIDAD UNIVERSITARIA (1996), Ministerio de Cultura y Educación, Buenos Aires, Argentina.

Informe de Evaluación Externa de la Comisión Nacional de Evaluación y Acreditación Universitaria (CONEAU), de Argentina, Instituto de Educación Superior de América Latina y el Caribe, IESLAC, noviembre de 2007.

Informe de Evaluación Institucional de la Universidad Nacional del Centro de la Provincia de Buenos Aires, CONEAU, 2000.

Informe de Evaluación Institucional de la Universidad de Belgrano, CONEAU, 2001.

República Argentina (1995), Ley de Educación Superior N.º 24521.

Resoluciones de acreditación de las carreras de Ingeniería de la Universidad Nacional del Centro de la Provincia de Buenos Aires, CONEAU, 2004 y 2009.

Resoluciones de acreditación de las carreras de Ingeniería de la Universidad de Belgrano CONEAU, 2003, 2004 y 2009.

GLOSARIO

PRES: Programa para la Reforma de la Educación Superior.

BM: Banco Mundial.

SPU: Secretaría de Políticas Universitarias.

MECyT: Ministerio de Educación, Ciencia y Tecnología.

CONEAU: Comisión Nacional de Evaluación y Acreditación Universitaria.

CU: Consejo de Universidades.

CAP: Comisión de Acreditación de Posgrado.

FOMEC. Fondo para el Mejoramiento de la Calidad Universitaria.

SIU: Sistema de Información Universitaria.

CIN: Consejo Interuniversitario Nacional.

CRUP: Consejo de Rectores de Universidades Privadas.

MCE: Ministerio de Cultura y Educación de la Nación.

LES: Ley de Educación Superior.

ACCEDE: Análisis de contenidos y competencias que los estudiantes disponen efectivamente.

ME: Ministerio de Educación.

UNICEN: Universidad Nacional del Centro de la Provincia de Buenos Aires.

PROMEI: Proyecto de Mejoramiento de la Enseñanza en Ingeniería.